PAUL MANSUY

Extrait des Annales de l'Académie de Mâcon.

(IIᵉ SÉRIE. — TOME IV.)

USAGES LOCAUX

DU MACONNAIS

Par A. PUTOIS

Juge de paix, membre de l'Académie de Mâcon, membre fondateur de la Société de statistique de Paris
et de la Société d'archéologie, sciences et arts du département de Seine-et-Marne.

Les meilleures lois naissent des usages.
JOUBERT.

MACON
IMPRIMERIE PROTAT FRÈRES
—
1881

Extrait des Annales de l'Académie de Mâcon.

(IIe SÉRIE. — TOME IV.)

USAGES LOCAUX

DU MACONNAIS

Par A. PUTOIS

Juge de paix, membre de l'Académie de Mâcon, membre fondateur de la Société de statistique de Paris
et de la Société d'archéologie, sciences et arts du département de Seine-et-Marne.

> Les meilleures lois naissent des usages.
> JOUBERT.

MACON

IMPRIMERIE PROTAT FRÈRES

—

1881

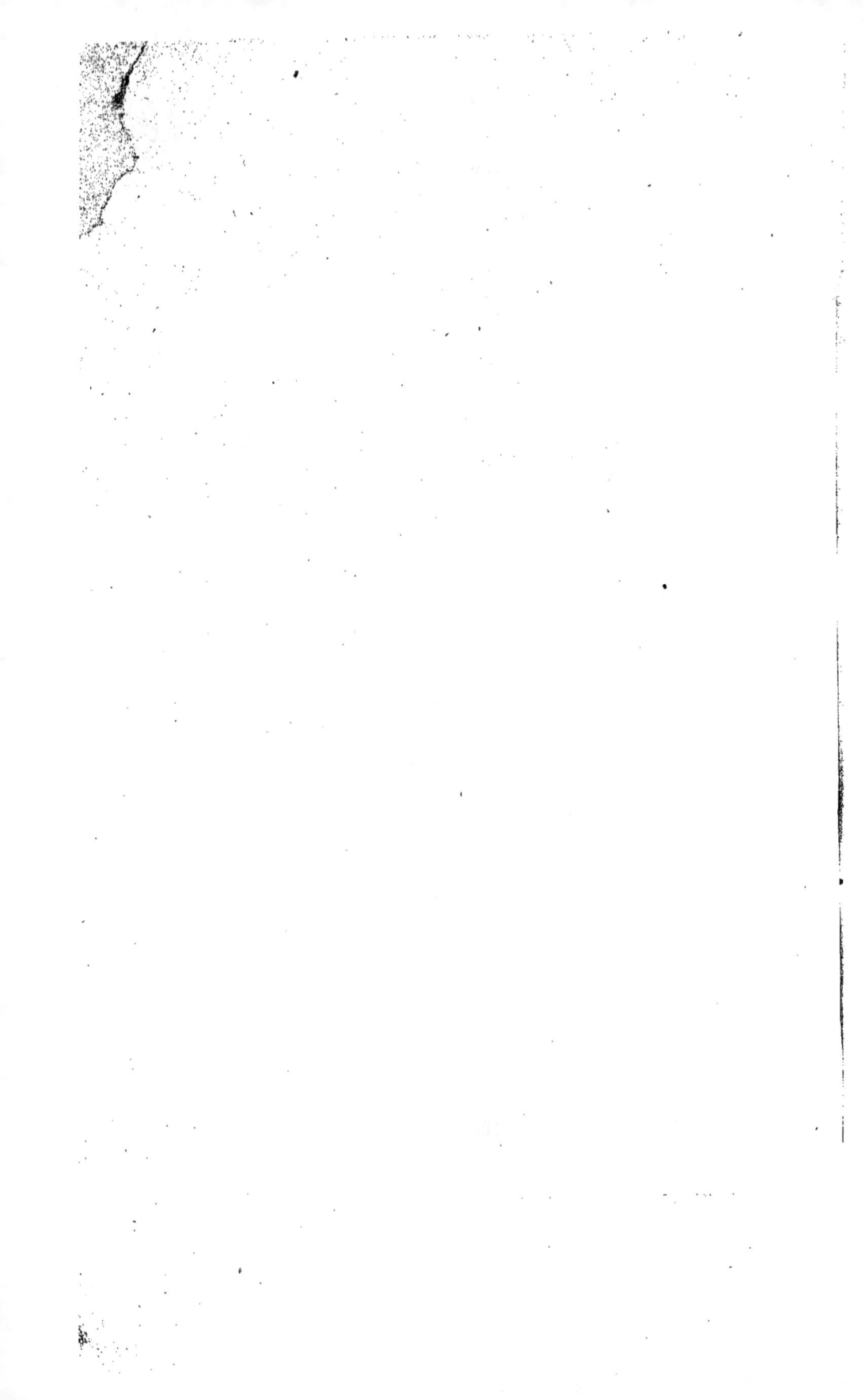

USAGES LOCAUX

DU MACONNAIS

Les meilleures lois naissent des usages.
JOUBERT.

Si l'aphorisme est vrai, il est peut-être opportun de rechercher et de rappeler ici quels sont les usages locaux du Mâconnais dans un moment où nos législateurs. ont besoin de consulter les usages encore en vigueur dans le pays pour en extraire les matériaux qui devront servir à l'édification du code rural auquel ils travaillent.

Dans son ouvrage ayant pour titre : *Les lois rurales de la France*, publié en 1819, M. Fournel, ancien bâtonnier de l'ordre des avocats, s'exprime ainsi :

« Au milieu d'un amas nombreux de codes de toute espèce, qui nous ont été fournis depuis près de trente ans, les yeux cherchent vainement le code rural signalé par toutes les assemblées politiques comme un code de première nécessité, provoqué par tous les départements et néanmoins toujours ajourné avec persévérance, et qui peut-être le sera encore longtemps.

» Quelles sont les causes de ce retard? C'est qu'un code rural porte avec lui un obstacle interne qui s'oppose à son émission, ou au moins qui la reporte à un temps éloigné.

» Un code rural n'est point un ouvrage d'invention ; l'imagination n'y entre pour rien. Il n'admet pas d'hypothèses hasardées ni de conceptions systématiques ; il lui faut des données positives, certaines, fortifiées par une longue expérience. La différence est grande entre la composition d'un code rural et celle de tous autres codes ; ceux-ci, étant assujettis aux institutions politiques, doivent suivre leurs mouvements et changer avec elles. Il n'en est pas ainsi de la législation rurale, qui ne se prête pas à la versatilité de l'esprit humain.

» Elle s'exerce sur une matière invariable, telle que les eaux, les bois, les moissons, les mines et tout ce que la terre porte dans son sein ou à sa surface ; ces productions sont asservies à des travaux déterminés par l'ordre immuable des saisons et l'empire des localités.

» Il n'y a pas moyen de rien changer à tout cela ; la terre se joue des révolutions politiques.

» Un code rural ne serait à faire que dans un pays tout récemment habité et civilisé. Mais chez une vieille nation qui a toujours tenu l'agriculture en honneur, la législation rurale doit être faite depuis longtemps.

» Le code rural qu'on attend ne peut donc être autre chose que la recherche et la réunion de tous les fragments qui existent déjà sur la ruralité ; le travail du Gouvernement sera non d'inventer des lois, mais bien de reproduire celles qui existent, dans un ordre accessible à l'intelligence la plus bornée, à l'esprit le plus paresseux ; et son travail sera d'autant plus parfait qu'il aura mieux exécuté cet arrangement. »

Il y a plus de soixante ans que ces lignes ont été écrites, et le code rural, demandé et attendu depuis près d'un siècle, n'est pas encore fait.

Avant de parler de nos usages locaux, il est intéressant,

je crois, de jeter un coup d'œil rapide sur nos origines, d'esquisser à large trait les mœurs de nos habitants, de dire quelques mots des législations qui ont été en vigueur dans le pays, de rappeler brièvement quel était l'état social et la condition de la propriété foncière du Mâconnais dans l'ancien temps; c'est ce que je vais essayer de faire.

NOS ANCÊTRES.

Les Gaulois sont nos ancêtres. Leurs tombeaux sont les plus anciens que l'on découvre en creusant notre sol.

Ces Gaulois, connus dans l'origine ici sous le nom de Celtes, là sous celui de Gaëls, ne formaient-ils, sous ces appellations diverses, qu'un seul et même peuple, ou bien doit-on voir en eux deux peuplades différentes ?

A cette question, un de nos compatriotes, bien connu du monde savant, répond de la manière suivante :

On ne peut douter que les Gaëls et les Celtes étaient deux peuples différents au triple point de vue anthropologique, linguistique et géographique.

Les Grecs en faisaient parfaitement la différence : Diodore de Sicile, Strabon, Plutarque, plus tard Polybe, ont tous opposé l'un à l'autre les vocables Galates et Celtes.

Les Celtes sont les vieux occupants.

Les Galls sont une race d'envahisseurs.

Des textes très précis de Dion Cassius, Pausanias, Appien, établissent la substitution du nom de Galls et Galates à celui de Celtes.

Au IVe siècle de notre ère, Julien l'Apostat distinguait encore les Galls et les Celtes ;

Sulpice Sévère fait une distinction entre la langue celtique et la langue gaëlique.

Les Gaëls sont vraisemblablement la race blonde cantonnée principalement dans les pays bretons.

Les Celtes sont la race brune brachycéphale cantonnés surtout dans la *Celtique*.

Les invasions des Romains et des barbares ont sans doute modifié notre nationalité à la surface, mais au fond la population rurale est restée la même ; en dépit des guerres, des invasions, des révolutions, les traits dominants du caractère gaulois se retrouvent parmi nous.

« On a très ingénieusement calculé que le nombre des conquérants, Francs, Bourguignons ou Visigoths, étant fort minime relativement au fond de la population gauloise, à laquelle ils vinrent se mêler, le sang barbare, dans ce mélange inégal, n'a pas cessé depuis lors de perdre de sa force et d'être lentement absorbé par les masses galloromaines, en sorte que nous sommes maintenant beaucoup plus Gaulois de tempérament, de caractère et même de visage qu'on ne pouvait l'être, par exemple, au temps de saint Louis [1]. »

Il faut dire, toutefois, que, dans notre pays, le sang des Burgondes a dû forcément se mêler au sang gaulois dans de plus grandes proportions qu'ailleurs. Nous savons, en effet, que, déjà maîtres de l'Helvétie depuis l'an 407, ils s'emparèrent du pays des Séquanais et des Eduens jusqu'à la Loire et l'Yonne, peu d'années après, sous la conduite de leur roi Gondicaire, et que le royaume des Burgondes ne prit fin qu'en 533 par la défaite de leur dernier roi Gondemar, dans

[1] Chez les animaux, nous voyons les phénomènes d'atavisme amener la réapparition de certains caractères parfois même alors qu'une sélection attentive s'efforce de les effacer depuis des centaines de générations. A plus forte raison des faits de même nature doivent-ils se produire chez l'homme, où la sélection n'existe pas. Certains caractères de nos premiers ancêtres doivent se reproduire de temps à autre chez toutes les races humaines. (DE QUATREFAGES, *Rapport sur les progrès de l'anthropologie.*)

la guerre que lui firent Thierri, Clotaire et Childebert, guerre qui se termina par le siège et la prise de Bibracte (Autun).

Vifs, emportés, audacieux, colères, les Gaulois se piquaient de franchise et de générosité. Ils sont, dit Jules César, légers, faciles à changer d'avis et si curieux de nouvelles, qu'ils ont coutume d'arrêter les voyageurs, même malgré eux, pour s'informer de ce qu'ils savent. Dans les villes, le peuple environne les marchands, les obligent à raconter d'où ils viennent et ce qu'ils ont appris de nouveau. C'est sur ces bruits et sur ces rapports qu'ils décident souvent des affaires les plus importantes. Aussi ne tardent-ils pas à se repentir de s'être ainsi livrés à des bruits incertains, la plupart accommodés à leur goût.

Prompts et pleins d'ardeur à faire la guerre, ils sont aussi prompts à se décourager et ne supportent pas les revers. C'étaient des hommes francs, peu portés à dresser des embuscades et habitués à combattre avec le courage, non avec la ruse.

Non seulement les différents peuples de la Gaule, les villes, les bourgs et les villages, mais encore presque toutes les familles sont divisées en plusieurs fractions, à la tête desquelles sont ceux qui ont le plus de crédit parmi eux.

Cinquante ans avant Jésus-Christ, Valérius Caton disait des Gaulois qu'ils avaient deux passions : manier fortement l'épée et finement la parole.

En observant les contours, les traits et les détails de ce portrait des Gaulois, reproduit ici en raccourci, d'après les historiens de l'antiquité, et en particulier d'après le grand capitaine dont la science stratégique finit par avoir raison du courage indompté de nos ancêtres, on ne peut s'empêcher d'être frappé de la ressemblance qui existe entre le Gaulois d'il y a deux mille ans et le Français de nos jours.

Légers, vifs, emportés, audacieux, versatiles, braves jusqu'à la plus extrême témérité, jusqu'au plus admirable héroïsme, ces défauts et ces qualités ne sont-ils pas les nôtres encore ?

Avides de nouvelles, ne le sommes-nous pas toujours ? Si nous n'arrêtons plus de force les voyageurs sur les chemins et les marchands colporteurs dans les villes et dans les villages pour les assaillir de questions, ne courons-nous pas chaque jour après nos journaux quand le facteur des postes ne vient pas les déposer à notre porte à l'heure accoutumée ?. n'assiégeons-nous pas, matin et soir, les kiosques où ils se débitent, tant nous avons hâte de connaître les nouvelles vomies chaque jour par les mille et mille voix de la presse ? Une phrase que nous répétons à satiété en abordant des personnes de notre connaissance, une phrase stéréotypée pour ainsi dire sur toutes les lèvres, n'est-elle pas celle-ci : Que savez-vous de nouveau ?

N'est-ce pas encore sur ces nouvelles véridiques ou non, sur ces racontars, comme on dit aujourd'hui, que nous décidons souvent l'entreprise d'affaires importantes ?

Ardents, prompts, trop prompts, hélas ! à faire la guerre, ne sommes-nous pas encore, comme au temps de César, trop prompts à nous décourager ?

Habitués à combattre avec le courage et non avec la ruse, si nous ne nous présentons plus au combat tout nus en face d'ennemis bardés de fer[1], si nous sommes obligés, pour nous défendre, de recourir aux engins à longue portée, aux navires blindés et cuirassés, tristes produits de la science et de la civilisation moderne, Gaulois comme ci-devant, nos officiers ont eu l'honneur de se montrer les

---

[1] Nus et distingués entre tous par la jeunesse et la beauté, ceux du premier rang inspiraient la terreur par leur figure et par leurs gestes. — (POLYBE, cité par BORDIER et CHARTON.)

derniers sur les champs de bataille de l'Europe, ornés de
leurs brillantes épaulettes, servant de point de mire à
l'ennemi. Gaulois comme ci-devant, nos soldats ne consi-
dèrent pas sans mépris ces batailles engagées à de longues
distances, ces batailles dont le sort ne dépend plus que de
la science, de la ruse et du nombre ; ces batailles dans
lesquelles la bravoure, l'héroïsme n'ont presque plus à
intervenir.

Manier fortement l'épée et finement la parole... Ah ! si
tous ceux en France qui savent manier finement la parole
pouvaient s'entendre entre eux et s'unir de cœur à ceux qui
savent manier fortement l'épée, si nous n'étions pas divisés
entre nous par les passions religieuses et politiques ; si,
mus exclusivement par l'amour vrai de la patrie, les têtes
et les bras innombrables de ce Briarée moderne si puissant
qui a nom la presse, au lieu de se combattre et de s'entre-
déchirer, savaient s'entendre entre eux pour lutter contre
l'ennemi commun, s'ils savaient prêcher tous l'union, la
France serait bien vite assez forte pour n'avoir rien à
redouter de l'étranger.

FRANKS ET BOURGUIGNONS.

260 ans avant Jésus-Christ, de nombreux essaims de barbares venus du Nord commencent à pénétrer dans les Gaules ; 100 ans plus tard apparaissent les premières légions romaines ; à 96 ans de là, l'épée du dernier défenseur de l'indépendance gauloise, celle de l'héroïque Comm l'Atrébate, s'abaissait devant César.

Parmi les barbares septentrionaux, les Franks, les Bourguignons, les Visigoths doivent seuls être comptés au nombre de nos ancêtres, les autres peuplades n'ayant fait, en réalité, que passer dans le pays[1].

Tacite, dans son histoire des mœurs des Germains, écrite plus d'un siècle après J.-C., nous a fait de ces peuples un tableau que les écrivains modernes trouvent quelque peu flatté. M. Guizot (*Histoire de la civilisation en France*) fait ressortir, dans un intéressant parallèle, l'étonnante ressemblance qui existe entre les Germains de l'historien latin et les peuplades sauvages qui existent encore de nos jours.

« Je pourrais, dit-il en concluant, m'étendre davantage et placer toujours à côté de la moindre assertion de

---

[1] Les Franks et les Bourguignons étaient deux tribus très voisines et habitaient primitivement des régions que les historiens ont comprises dans la Germanie, mais ce n'étaient point des Germains anthropologiquement parlant. Tacite, qui habitait la Belgique, a décrit des Franks pour des Germains. De là une erreur qui a été indéfiniment reproduite depuis.

. Les Franks n'ont aucun rapport avec les Germains actuels par leur type anthropologique ; par leurs industries et leurs mœurs, ils étaient bien plus voisins des Gaulois que des Germains proprement dits.

La véritable distinction entre les Bourguignons et les Franks était que ces derniers formaient une race militaire, tandis que les Bourguignons étaient surtout agriculteurs, par conséquent plus pacifiques.

Mais tout ce que l'archéologie a fait connaître de leurs industries et l'anthropologie de leurs ossements est identique.

Tacite sur les Germains, une assertion analogue de quelque voyageur ou historien moderne sur quelqu'une des peuplades barbares aujourd'hui dispersées sur la face du globe. » Que faut-il donc penser des descriptions magnifiques qui ont été si souvent tracées? Ce qu'il faut penser des romans de Cooper comme tableau de la condition et des mœurs des sauvages de l'Amérique septentrionale.

Dans un ouvrage publié en 1581 et ayant pour titre : *De l'antique histoire et vraye origine des Bourgongnons*, l'auteur, Pierre de Saint-Julien, doyen de Chalon et grand archidiacre de Macon, après avoir parlé de différentes découvertes faites dans un lieu appelé Val-d'Ongne, près d'Is-sur-Thille, prétend qu'en cet endroit se trouvait jadis une ville ou un bourg fort célèbre, et il ajoute : « Ce que les modernes Latins ont nommé Bourg des Dieux n'estoit autre que notre Bourg-Ongne, et avec ce tenir pour certain que les Bourgongnons (que le commun a iusques à ores tenu pour estrangiers) sont vrays peuples Celtiques, indigènes, et premièrement naiz au mesme pays que de présent ils habitent. »

A la suite d'une guerre entre les Eduens et les Senonais, dans laquelle les Bourguignons avaient, par leur intervention, décidé la victoire en faveur des Eduens, « les Senonois prindrent occasion de dresser quelques quereles d'Allemans pour vexer et tourmenter le plat païs. »

Après avoir eu leur pays ravagé et leur ville détruite par les Senonais, les Bourguignons abandonnent le Val d'Ongne et se retirent en Germanie « au nombre de huict vingts trois mille sept cens tant de personnes. Tant errerent les Bourgongnons qu'ils sesloignerent bien fort de l'Allemaigne; ils passerent la rivière d'Elbs et ne cesserent d'aller jusques à ce qu'ils parvindrent ès environs de Gothie, au pays des Vandales, avec lesquelz ils s'associerent. »

Sous le règne de l'empereur Gallius, les Bourguignons retournèrent en Allemagne avec l'espoir de rentrer dans leur pays, « tant y a qu'ayant passé le Rhin et peu à peu parvenuz aux montagnes qui sont comme rameaux du mont Jou : ils commencèrent deslors à quasi odorer un air bening et souhaittable, qui par une indicible faculté leur donna tant de contentement que les peines précédentes oubliées, ils panseront tel plaisir devoir augmenter d'autant plus quilz seroient plus voisins du lieu auquel ilz aspiroient qui étoit la plaine où souloit jadis estre Bourg-Ongne, duquel leurs ancestres leur avoient laissé l'appellation de Bourgongnons. Somme rien ne leur ennuyoit tant que l'empeschement de parvenir ou leur œil avoit desia attaint. Ce qui ne tarda pas beaucoup à succéder. Mais trouvans à leur arrivée au Val-d'Ongne, qu'à peine se pouvoit recongnaistre marque la eust esté un bourg, ny pas un bien petit village.

» Nous avons cy après à alléguer que les Bourgongnons estoient pour la part charpentiers et architectes, ce tenu pour certain, il ne faut pas douter que la matière estant prompte, les ouvriers ne furent lents à la mettre en œuvre. A vray dire, il ne tarda guere que le Bourg-Ongne fut réédifié.

» Peu d'années après, Aurelianus, venu au bas Langrois, trouvant que les Bourgongnons avoient tellement restauré l'ancien Bourg-Ongne qu'il sembloit tout nouveau, commanda par un édict primsaultier qu'on ruinast ce bourg, de manière que le feu mis en divers endroicts du bourg, basti pour la pluspart de bois, eut en brief ruiné le dit bourg. A raison de quoy les Bourgongnons séparez advisèrent de tirer party, la pluspart estans bocherons, charpentiers, menuysiers et metteurs de bois en œuvre trouverent par cy par là à s'employer de leur mestier, les autres se loüerent pour labourer les terres.

» L'opinion commune porte que Theodosius, le jeune fils

d'Arcadius, estant empereur, environ l'an de notre salut quatre cens quatre vingt six, les Bourgongnons accompagnez de gros nombre de Vandales et de Gothz abandonnerent non par force mais volontairement l'Allemaigne, oultre passerent le Rhin, entrerent peu à peu si avant en pays, que les terres des Sequanois conquestées, ils s'emparerent d'une partie du Langrois, occuperent l'Auxerrois, Autunois, Chalonnois, Masconnois et Charollois, etc. »

En feuilletant le vieux in quarto dont je viens d'extraire ces lignes, je ne puis résister au désir de cueillir ici et là quelques dictons ou proverbes cités par l'auteur. Déja nous avons vu plus haut que dès le XVIe siècle, celui de querelle d'Allemand était bien connu.

Nous disons aujourd'hui qu'entre la coupe et les lèvres il y a parfois la mort; on disait alors : « Entre la bouche et la cuiller il advient maint encombrier. » Je lis ailleurs ceci : « Jouxte un commun proverbe, il reste beaucoup de ce que le fol pense. » « De vray c'estoit jadis un dire commun en France que la parole d'un Bourgongnon valoit une obligation. » C'est un ancien proverbe entre les Français que le gentilhomme combat pour l'honneur, et le soldat pour le profit. A rapprocher de ce bon mot :

« Nous nous battons pour l'honneur et vous pour le butin, » disait un prisonnier ennemi à un soldat de notre première république. « Chacun se bat pour conquérir ce qu'il n'a pas, » répondit le Français.

L'auteur cite encore comme proverbe ancien le distique suivant :

Jamais chien le verroul d'église n'a rongé.
Qu'il n'ait sentu le foüet, ou ne soit enragé.

Et pour revenir aux Bourguignons, qui portaient pour

enseigne et devise un chat avec ces mots : Tout par amour et par force rien , il rend d'eux le témoignage suivant :

Mais quant aux Bourgongnons , leur vertu estoit telle ,
Que malgré tous assauts , elle reste immortelle.

LOIS DES BARBARES.

LOI SALIQUE.

Cette loi écrite, on croit, une première fois sous Clovis, et rédigée depuis à une époque moins éloignée de nous, est un véritable chaos, traitant de toutes choses sans distinction ni classification : droit politique, droit civil, droit criminel, procédure, police rurale, etc.; nous nous bornerons à transcrire ici le titre des aleux, par lequel les femmes sont exclues du droit au trône de France : « *De terra vero salica in mulierem nulla portio hæreditatis transit, sed hoc virilis sexus acquirit, hoc est filii in ipsa hæreditate succedunt.* » (L. salica , tit. LXII, § 6.)

« Aucune portion de la terre salique ne passera aux femelles , mais elle appartiendra aux mâles, c'est-à-dire que les enfants mâles succèderont à leur père. »

Pour les hommes libres, Francs et même Romains, la loi est très modérée ; elle est, au contraire, cruelle à l'excès dès qu'il s'agit des esclaves.

Dans les procédures criminelles, la réalité du fait s'établissait par le recours au jugement de Dieu , le combat, le plus souvent par le serment des *conjuratores* (parents ou amis de l'accusé), qui venaient jurer que celui-ci était innocent du fait dont on l'accusait [1].

[1] Une charte sans date, qui paraît remonter au commencement du xᵉ siècle, nous prouve que la loi salique était appliquée dans le Mâconnais. Cette charte est ainsi conçue :
« Domino fratri Adalgiso ego Altasia et filii mei Beraldus et Vul-

LOI RIPUAIRE.

Les Francs Saliens et les Francs Ripuaires étaient les deux principales tribus de la Confédération des Francs. La loi de ces derniers, qui ne contient pas moins de 164 articles de droit pénal et 113 de droit politique ou civil et de procédure, paraît avoir été rédigée au commencement du viie siècle.

Dans cette loi, les *conjuratores* ou cojurants tiennent une grande place. Le jugement de Dieu, autrement dit le combat judiciaire, est assujetti à certaines formes, à certaines règles déterminées.

La loi ripuaire est moins barbare que la loi salique.

LOI DES BOURGUIGNONS.

Gondebaud établit chez les Bourguignons des lois d'une grande douceur, afin, dit Grégoire de Tours, que les Romains ne fussent pas opprimés.

Cette loi a été faite à deux époques diverses ; elle paraît avoir été rédigée entre l'année 467 ou 468 et l'an 534, époque de la chute du royaume.

Les Romains et les Bourguignons y sont placés sur le pied de l'égalité ; on y lit ceci : « Tout Romain qui, ayant un procès contre un autre Romain, confiera à un Bourguignon la défense de ses intérêts, perdra sa cause, et le Bourguignon payera 12 sols d'amende. »

« Quiconque aura refusé le logement et le feu à l'étranger qui s'est présenté chez lui sera puni d'une amende de trois sols. »

Cette loi contient quelques emprunts à la loi des Romains, spécialement en ce qui concerne les donations et testaments. Elle marque une étape de plus dans la civilisation.

» fardus venditores, vendimus res nostras quæ sunt sitæ in pago
» Matisconensi, in agro Fusciacensi, in villà Varennas. Sicut mihi obve-
» nerunt in sponsalitio de parte senioris mei Humberti, ego et filii
» mei ipsas res tibi vendimus secundum legem salicam. »

LOI DES VISIGOTHS.

Cette loi forme un recueil considérable intitulé : *Forum judicum*. Elle a été rédigée de l'an 466, époque de l'avènement du roi Enric, qui résidait à Toulouse, à l'an 701, époque de la mort du roi Egica, qui résidait à Tolède.

Enric fit écrire les coutumes des Goths. Alaric, son successeur, fit publier, sous le nom de *Breviarium*, les lois de ses sujets romains.

En ce volume, dit la préface, sont contenues les lois ou décisions de droit choisies dans le Code théodosien. Le recueil était nommé *Lex romana*.

La loi des Visigoths est plus étendue, plus humaine, plus précise que celle des Francs et des Bourguignons.

Après la conquête de la Burgondie par les Francs, les vaincus conservèrent leurs lois nationales ; les vainqueurs, de leur côté, y ayant introduit les leurs, trois législations distinctes se trouvèrent en présence sur le même territoire :

La loi romaine suivie par les Gallo-Romains ;

La loi Gombette régissant les Burgondes ;

Et la loi salique observée par les Francs.

Ces trois législations paraissent avoir vécu parallèlement jusque vers la fin du ixᵉ siècle.

Dans le siècle suivant, la fusion des races étant un fait à peu près accompli, de personnelle qu'elle était la législation devint territoriale ; en d'autres termes, il se forma peu à peu une législation commune reposant plutôt sur des usages et des coutumes observés depuis un certain temps déjà, ici et là, que sur des textes précis.

Cependant les lois féodales prédominaient encore dans le xᵉ siècle.

Le Mâconnais fut, dès les temps féodaux, réputé pays de droit écrit, c'est-à-dire observant les lois romaines comme droit commun.

Dans nos archives communales, série FF, page 4, 1549-1559, nous voyons qu'une commission ayant été donnée à un conseiller au Parlement de Bourgogne et à un maître extraordinaire en la Chambre des comptes de Dijon, pour la révision des rôles d'imposition en Mâconnais, attendu que les élus des Etats avaient « imposé et levé sur » eulx plus grandes sommes de deniers qu'il ne leur estoyt » mandé et aultres sommes sans aulcun mandement, et faict » plusieurs exactions, concussions, pilleries, et commys » autres abbus et malversations. »

Jean Cappe, marchand de la ville de Mâcon, un des élus, récusa les commissaires et déclara qu'ils étaient incompétents attendu, disait-il, que le Mâconnais est pays de droit écrit et ressortissant au Parlement de Paris[1].

LES CAPITULAIRES.

Après les lois des barbares viennent les capitulaires. On appelle du nom de *capitula*, petits chapitres, non pas seulement les capitulaires de Charlemagne, mais encore toutes les lois des Francs. On trouve sous ce nom d'anciennes lois nationales revisées, des additions de ces lois, des extraits des actes des conciles, des instructions données par Charlemagne à ses *missi dominici*, de simples notes, des jugements, des actes d'administration financière et domestique, des actes relatifs à l'exploitation des domaines du prince, comme le capitulaire *De villis*, des actes politiques, des nomina-

---

[1] A Rome, le droit non écrit, faussement ainsi qualifié, car il était écrit tout comme notre ancien droit coutumier, tirait son origine de cette différence avec le droit écrit, que celui-ci, proprement dit, devenait loi dès l'instant qu'il était promulgué, tandis que le droit non écrit devenait loi par le fait; c'était le fait que l'on transcrivait sur le papier comme l'expression d'une loi existante déjà, soit dans les mœurs, la coutume, soit par la force de l'usage ou par cette puissance occulte, passive, qu'on désignait par l'expression assez vague de *receptum*.

tions, des recommandations, des conseils ou préceptes moraux, etc., etc.

Les capitulaires contiennent, en outre, une foule de dispositions sur la police, qui avait dans le gouvernement de Charlemagne une grande importance.

La suppression de la mendicité et la taxe des pauvres y paraissent également.

« Quant aux mendiants qui courent dans le pays, nous voulons que chacun de nos fidèles nourrisse les pauvres, soit sur son bénéfice, soit dans l'intérieur de sa maison, et ne leur permette pas d'aller mendier ailleurs. Et si l'on trouve de tels mendiants, et qu'ils ne travaillent pas de leurs mains, que personne ne s'avise de leur donner. »

C'est un capitulaire daté d'Aix-la-Chapelle, en 803, qui établit cet épouvantable tribunal connu sous le nom de cour veimique, composé de juges mystérieusement nommés par le prince, servi par des délateurs inconnus les uns aux autres, obligés au secret sous des serments affreux, et dénonçant avec audace des victimes avec lesquelles ils ne craignaient pas d'être confrontés, et qui, jugées ou plutôt proscrites sans témoins, souvent même sans qu'il leur fût permis de se défendre et sans interrogatoire préalable, tombaient sous le fer du plus jeune des juges, condamné aux fonctions de bourreau. Cet exécrable tribunal, dont l'institution avait eu pour but de retenir les Saxons sous le joug de l'empire, s'étendit bientôt dans toute l'Allemagne, où il ne fut aboli que sous le règne de Maximilien Ier, c'est-à-dire vers la fin du xve siècle.

LOIS FÉODALES.

Les principaux monuments écrits de la législation de la féodalité (xie, xiie, xiiie siècles) sont les établissements de

saint Louis, les Assises du royaume de Jérusalem, la
Coutume de Beauvaisis et le Traité de l'ancienne jurisprudence des Français par Pierre Fontaine.

DROIT COUTUMIER.

En France, les coutumes n'ont commencé à laisser de
traces écrites précises que vers le x⁰ siècle. Avant la féoda-
dalité, dit M. Laferrière dans son *Histoire du droit*, les
peuples avaient des lois bien connues qu'on appelait loi
salique, loi ripuaire, loi gombette, loi romaine ; il y a donc
preuve historique qu'avant la féodalité nos coutumes à
proprement parler n'existaient pas.

Les coutumes étaient si variables, si faciles à transformer
que les écrivains eux-mêmes déclinaient la responsabilité
des règles qu'ils donnaient en raison du peu de certitude
que ces règles pouvaient présenter.

« Bien y perd, dit Beaumanoir, à ce que les coutumes
sont si diverses, car ne pourroit pas trouver ez royaume de
France deux chastellenies qui de tos caz usassent d'une
mesme coustume. »

Une ordonnance rendue par le roi Charles VII, à Montil-
les-Tours, au mois d'avril 1454, porte que, pour abréger
les procès, diminuer les frais de justice et faciliter aux
juges le moyen de juger sainement, on mettra en écrit les
coutumes, styles et usages de tous les pays du royaume.

On comptait en France environ soixante coutumes générales, c'est-à-dire observées dans une province entière, et
environ trois cents coutumes locales, c'est-à-dire observées
dans une seule localité, ville, bourg ou village.

La suppression des coutumes date de la fameuse nuit du
4 août 1789. Le vicomte de Noailles leur porta le premier
coup en proposant l'égalité devant l'impôt, c'est-à-dire

l'impôt payé par tous les habitants du royaume en proportion de leurs revenus, le rachat de tous les droits féodaux et l'abolition, sous rachat, des corvées seigneuriales et autres servitudes personnelles.

Il fallait remplacer par une nouvelle législation celle qui venait de sombrer. Cette tâche demandait un long temps; de nombreux décrets contenant l'application des principes proclamés furent d'abord élaborés ; on inséra ensuite dans la Constitution de 1791 qu'il serait fait un Code de lois civiles pour tout le royaume; l'effet de cette promesse se fit attendre jusqu'en 1804, époque de la promulgation du Code civil.

SIÈGE PRÉSIDIAL.

Nous venons de voir plus haut que la rédaction des coutumes avait été ordonnée dans le but d'abréger les procès et de diminuer les frais de justice. Ce double but a-t-il été atteint? Il est permis d'en douter en lisant un édit rendu deux siècles plus tard sous l'empire du droit coutumier, par le roi Louis XIII. Cet édit porte en substance ce qui suit :

« Tous lesquels susdits bailliages et justices avec leurs dépendances, nous avons distraicts et distrayons des justices et lieux où elles avoient accoustumé de relever et les avons joincts, joignons et annexons irrévocablement et à perpétuité auxdits bailliages de Chaallons-sur-Saosne et Mascon, ainsi que dict est.

» Et seront lesdits deux présidiaux composez... audict bailliage de Mascon, outre les offices du bailliage qui consistent en : un grand bailli, un lieutenant général, un lieutenant criminel, un lieutenant particulier civil, un conseiller-lieutenant assesseur criminel, trois conseillers, un conseiller honoraire, un avocat substitut du procureur du roi, deux enquêteurs, un adjoint aux enquêtes, un

commissaire examinateur, un garde scel, un huissier
audiencier, un receveur des consignations, un contrôleur
des consignations, un receveur des épices, un greffier des
présentations, un greffier des affirmations, un contrôleur
auxdits greffes et trente-six procureurs postulants; sont
créés les offices héréditaires qui suivent, savoir : deux
présidents, douze conseillers, juges, magistrats, un avocat
du roi, un procureur du roi, un substitut dudit procureur,
un commissaire examinateur et enquêteur, un adjoint aux
enquêtes, un receveur des épices, trois receveurs et payeurs
des gages et amendes, trois receveurs des consignations, six
contrôleurs, deux clercs garde-sacs, un clerc d'audience,
un greffier de présentations, un greffier des affirmations,
un greffier en chef, trois contrôleurs desdits greffes, trois
maîtres clercs desdits greffiers, un premier huissier, deux
huissiers audienciers priseurs et vendeurs de biens, douze
huissiers présidiaux et vingt procureurs postulants; enfin,
pour la chancellerie établie audit siège, un conseiller garde
scel, un clerc commis d'audience, un conseiller secrétaire,
un conseiller audiencier, un conseiller contrôleur, un
chauffe-cire et un huissier. »

Bon Dieu! quelle énumération! que de sacs à procès il
fallait emplir et secouer chaque année pour rémunérer tout
ce monde-là! 143 magistrats, officiers ministériels et gens
de justice à Mâcon, cela fait rêver.

Nous trouvons bien des quittances de 8,000 livres pour
l'office de premier président, de 5,000 livres pour celui de
deuxième président, et de 2,000 livres pour chaque office
de conseiller. Il y avait, en outre, les épices. Quel en était
le produit annuel et quelle était la part revenant à chacun
dans ce produit? C'est ce que nous ne savons pas. Nous
aimons à croire qu'il n'y avait point au présidial de notre
ville ni Perrin Dandin ni Babonnette, mais les autres, et

notamment les 56 procureurs; quelle somme de travail pouvaient-ils bien fournir et quel pouvait être le chiffre rémunérateur de ce travail?

Il convient de dire, toutefois, que les procureurs étaient, dans l'origine, de pauvres hères qui, pour de l'argent, allaient solliciter les affaires auprès des avocats et auprès des juges; c'est là sans doute ce qui faisait dire à Louis XII que ce qui lui offusquait le plus la vue, c'était la rencontre d'un procureur chargé de ses sacs.

Plus tard, leur état devint un peu plus honnête et on leur donna le nom d'experts des causes, *cognitores juris;* ils se rendirent ensuite si nécessaires à l'instruction des affaires litigieuses qu'il fut bientôt impossible de se passer d'eux, ce qui les fit appeler maîtres des procès, *domini litis.* Sous François Ier, leurs charges devinrent vénales. Supprimés par la loi du 30 mars 1791, les procureurs furent remplacés par des avoués aux termes de la loi du 29 ventôse an VIII.

Depuis lors, et surtout depuis la loi du 25 mai 1838 sur les justices de paix, le nombre des procès a diminué dans des proportions considérables.

Il n'y a plus, aujourd'hui, que six avoués à Mâcon, aux lieu et place des 56 procureurs, 50 de moins qu'en 1629.

Avec le nom de procureur, on a vu disparaître peu à peu les abus dont ces pourvoyeurs de dame Thémis se rendaient coupables et, par suite, les diatribes et les épigrammes dont ils étaient journellement l'objet. Au xviiᵉ siècle, leur réputation était telle que l'on fit sur un d'eux, *rara avis*, paraît-il, l'épitaphe suivante :

> Ci-git un procureur qui, le seul au palais,
> Au titre d'honnête homme eut le droit de prétendre.
> Passant, viens honorer sa cendre,
>
> Si tu sais, toutefois, ce que c'est qu'un procès ;
> Si, par hasard, tu l'ignorais,
> Que Dieu te garde de l'apprendre.

LE BON VIEUX TEMPS.

J'avais écrit sous ce titre une cinquantaine de pages environ quand, me rappelant le précepte de Boileau :

Ajoutez quelquefois et souvent effacez,

j'en ai éliminé la plus grande partie ; celles qui restent suffisent à donner une idée de ce qu'était, au temps jadis, la condition matérielle et morale de nos populations.

J'emprunte aux inventaires sommaires des archives communales et départementales les principaux éléments de cette étude.

Depuis le jour où les premiers soldats romains commencèrent à fouler le sol des Eduens (154 ans avant J.-C.) jusqu'à la fin du xvie siècle, notre pays a été presque constamment désolé par les guerres et les calamités qu'elles entraînent à leur suite, par la peste, par la famine.

Cinquante ans avant l'ère chrétienne, Jules-César y cantonnait une partie de ses légions : *Matiscone in Æduis ad Ararim, rei frumentariæ causa collocat.*

Un siècle plus tard, Caligula imposait ici des contributions exorbitantes, faisait tuer là sans pitié, sans autre but que celui de s'approprier leurs dépouilles, les Gaulois les plus riches et les plus imposés.

En 286, les Bagaudes promenaient dans tout le pays le pillage, le massacre, l'incendie, emportaient d'assaut Autun, qu'ils détruisirent de fond en comble avec ses écoles célèbres, ses thermes, ses palais, ses temples.

Dans les siècles suivants, on vit les invasions succéder aux invasions et l'empire romain sombrer sous les flots des barbares.

Après l'invasion des Huns, en 451, et les guerres intestines des vi^e et viie siècles, c'est l'invasion des Sarrasins en 732. Comme l'avaient été leurs ancêtres, au temps d'Attila, les habitants de Mâcon, impuissants pour se défendre, s'enfuirent à l'approche des Arabes et se réfugièrent dans les montagnes. Quand ils en descendirent, ils ne trouvèrent plus que les ruines encore fumantes de leurs foyers dévastés.

En l'an 1030, une famine affreuse vint désoler le pays. « Après avoir brouté l'herbe dans les prairies, rongé le feuillage et l'écorce des arbres, on alla chercher sa nourriture dans les cimetières et les morts assouvirent la faim des vivants. Les hommes allèrent à la chasse les uns des autres et ces nouveaux cannibales s'attendaient sur les routes, non pour se dépouiller, mais pour se dévorer. La famine causa une mortalité si cruelle qu'on laissa les morts sans sépulture. Les horreurs de la peste se joignirent à celles de la famine. Les loups attaquèrent indistinctement les vivants et les morts. Tous ces fléaux ne disparurent qu'en 1033. Les mœurs devinrent d'une férocité sans exemple : on vit les seigneurs châtelains voler et tuer les voyageurs. L'ignorance fut à son comble : on brûla comme sorciers tous ceux qui savaient lire et écrire. »

En 1140, Guillaume, comte de Chalon, fondit sur Mâcon à la tête d'une bande de Brabançons et y exerça de tels ravages qu'il est dit, dans des lettres patentes de Louis le Jeune données à cette occasion, que la ville fut détruite de fond en comble.

En 1180, Othon, duc de Moravie, investit la ville, se rend maître des faubourgs, dévaste les propriétés situées hors des murs et détruit une partie des fortifications.

Pendant tout ce siècle et le suivant, disent les chroniqueurs, Mâcon eut énormément à souffrir des ravages des gens de guerre. Une multitude d'aventuriers qui ne vivaient que de pillage ruinaient sans cesse les campagnes et mettaient à contribution les villes.

De 1360 à 1370, les Anglais firent des courses nombreuses et les grandes compagnies auxquelles on donnait le nom d'écorcheurs s'acharnèrent pendant plusieurs années sur le Mâconnais.

Le règne désastreux de Charles VI (1380) et une partie de celui de Charles VII furent pour la ville un temps de calamités sans cesse renaissantes; les registres de la ville témoignent que les habitants, écrasés par les taxes de guerre, étaient obligés, nuit et jour, de faire le service militaire.

En 1470, Mâcon est assiégé par les armées royales sous la conduite du comte Dauphin d'Auvergne.

Au milieu du siècle suivant, commencent les guerres de religion.

Les procès-verbaux conservés dans nos archives contiennent le récit des scènes atroces auxquelles se livrèrent tour à tour catholiques et protestants.

« Il serait impossible de vous dire quelles cruautés barbaresques sont commises de part et d'autre. Où le huguenot est le maître, il ruine toutes les images, démolit les sépulcres, même ceux des rois, enlève tous les biens sacrés et voués aux églises; en contre-échange de ce, le catholique tue, meurdruit, noye tous ceux qu'il connaît de cette secte et en regorgent les rivières[1]. »

Si Mâcon échappa aux horreurs de la Saint-Barthélemy, il le doit, on ne saurait trop le dire, à la résistance de son bailli, Philibert de La Guiche.

« La cour avait envoyé l'ordre de consommer le même forfait dans les provinces. Le meurtre se répandit à travers toute la France et ajouta l'on ne sait combien de milliers de

---

[1] Etienne PASQUIER, *Recherches sur la France.*

victimes à celles de Paris. Cependant quelques hommes courageux, dont il faut conserver les noms avec respect, refusèrent de s'associer au crime : le baron de Gordes en Dauphiné, Saint-Herem en Auvergne, Chabot-Charny en Bourgogne, La Guiche à Mâcon, Joyeuse en Languedoc, le comte de Tende en Provence, le vicomte d'Orthez à Bayonne ; ce dernier écrivit à Charles IX :

« Sire, j'ai communiqué le commandement de Votre Majesté à ses fidèles habitants et gens de guerre de la garnison ; je n'y ai trouvé que bons citoyens et bons soldats, mais pas un bourreau. »

Dans les registres du bailliage de Mâcon, nous trouvons, à la date de 1573, une attestation de témoins « portant être chose notoire que tant en la ville de Mascon, ville de Cluny, que plat pays de Mâconnais, il y a heu et a encore grande mortalité, principalement de vieilles gens ; a esté et est tel point qu'en ladite ville de Cluny se mouraient dix et douze personnes, voire plus, comme aussi en ladite ville de Mascon, et meurent les dictes personnes sans estre malades longtemps, tellement que l'on estime que la dicte maladie et mortalité est une fièvre pestilentielle procédant, comme on dit vulgairement, de la famine notoire es dicts lieux et de quelque infection d'air. »

Cette attestation est corroborée par celle des prêtres chapelains de la paroisse Saint-Pierre, de Mâcon, qui affirment que, « dez l'année 1573, la peste fut fort violente en ce pays de Masconnois, et principalement en ladite ville de Mascon n'a esté veu telle et si grande mortalité de personnes quelle a esté en temps d'esté et autone de cette présente année 1573, ont dict le scavoir parcequ'ils auroient assisté avec le curé où vicaire d'icelle paroisse ez sépultures qui se faisoient es dictz temps en ladicte église et cimetières d'icelle et que l'on y auroit enterré tel jour dix-huit, aultres jours plus, aultres jours moings ; ont fait observer que la plus grande partie de ceulx qui sont décédez en temps mentionné estoient de tous petits enfants qui sont morts de faim et pauvreté pour la grande cherté et penuries de vivres estant en ce pays de Masconnois. »

En 1575, audience du bailliage de Mascon dans laquelle « l'on fait assavoir que, pour obvier aux dangers et inconvenients qui pourroient advenir à la ville de Mascon de la maladye de peste estant en villages circonvoisins, tant dedans que dehors le royaulme, la foyre ordinaire se tenant le vingtième jour de mai sera tenue hors les portes de la ville. »

En 1578, attestation de témoins déclarant qu'en 1564 « que furent les pestes en ce pays pour cela ne cessa l'exercice de la justice, vray est que le siège fut transporté au lieu de Prissé, ou les plaictz ne se tenoient que de 15 jours en 15 jours, et que cela dura environ l'espace de six moys ; » qu'en 1562 et en 1567, pendant l'occupation de la ville par les protestants, les officiers du bailliage ne tinrent aucune audience.

En 1581, requête du procureur scindicq de la ville de Mascon, « lequel a dict qu'il est tout notoire que la contagion commence à prendre pied en ceste ville et que les eschevins ne peuvent s'acquitter de leur charge et prévoir aux inconvénients qui se présentent, s'il n'y a pas quelque fond de deniers pour survenir tant aux pauvres affligez de la contagion, estant en l'hospital des caducqs, ceulx qui sont dans la ville que ceulx qui se présentent ordinairement aux portes ; qu'il fault de nécessité bailler gages à cinq cyrurgiens et barbiers et avoir apothicaires qui fournissent aux drogues pour les nécessiteux, salariez, malgognetz, faiseurs de fosses, enterreurs, et prévenir à la santé de la ville. »

En la même année, autre requête des échevins de Mâcon, remontrant « que ayant pleu à Dieu d'affliger l'hospital de ceste ville du mal contagieux et quelques aultres maisons, l'on auroit mis hors icelle ville tous ceulx des dictes maisons infestées au nombre de 36 ou 40. »

De 1586 à 1592, on mentionne encore des précautions prises contre la peste.

En 1574, attestations de témoins portant que, « depuis 14 ou 15 ans en ça ceste ville de Mascon a esté assiégée par diverses foys avec grand nombre de gendarmeric qui ont passé et repassé continuellement en si grande multiplicité que les villages circonvoisins en sont encore à présent ruinés, mesme les plus proches de ceste ville. »

En 1577, défense « de aller de nuict par ceste ville, sans porter feu et lumière pour se voir et conduire, à peine d'estre les contrevenans penduz et estranglez sans rémission... aussi est enjoinct très expressement à tous les habitans, à la moindre clameur et bruict qui se fera en ceste ville la nuict de mectre de la lumière aux fenestres de leurs maisons, à ce que les courreurs de pavé puissent estre recongneuz et apprehendez. »

En 1578, requête des habitants du village de Burnant, remontrant que, malgré la sauvegarde du roi, le fils de Philibert Cajat et le seigneur de Malfontaine, son gendre, sont entrés par force dans les maisons de plusieurs d'entre eux et y ont outragé, à coups d'épées et de bâtons, les hommes, les femmes et les enfants; « ne se contentant ledit sieur de Burnant d'avoir usurpé les communautés des dictz habitans, mesme leurs propres terres et les chemins publicz dont il a fait garenne. »

En 1596, sentence déclarant « ung nommé Marchizeuil de Courtivron et ung nommé La Desbauche, nom prédestiné, atteincts et convaincus d'avoir, en la prairie de Messey, assassiné le baron de Messey, pour réparation de quoi avons condempné le dict Marchizeuil et le dict La Desbauche à estre rompuz et brisez par l'exécuteur de la haulte justice sur une croix en la place de ceste ville de Mascon, appelée la cour du prevost, si apprehendez peuvent estre, et après liés sur une roue, les visages tornés en hault, y demeurer jusqu'à ce que mort s'ensuyve, les condempnant davantage en cinq cens escuz envers le roy et somme de quatre cens escuz envers la veuve et le fils du dict seigneur. »

En 1597, accusation de plusieurs habitants de Gibles contre noble Jeans S., homme d'armes, portant « que les demandeurs, après avoir souffert et reçu tous les ennuictz qu'on pourroit excogiter par le deffendeur, soit en la prinse de leur bestail, soit de leurs personnes, non content de ce en l'année mil cinq cent nonante et quatre après la réduction de la ville de Mascon et Masconnois icelluy deffendu accompagné sept ou huict soldats armez ou estant entrez dans l'église paroschialle le dimanche, pendant le service divin, se saisit des demandeurs, les lie bras et mains, les mène prisonniers au chastel de la Motte, distant du dict Gibles de sept grandes lieues, les fait descendre dans des fosses, esquelles par espace de temps il les contient au pain et à l'eau et encore bien escharchement; bref, il les tourmente de telle façon que les pauvres demandeurs sont contrainctz de condescendre à sa volonté et luy promettre ce qu'il demandoit, scavoir la somme de cent quarante-trois escuz. »

On pourrait écrire des volumes entiers si on voulait reproduire les atrocités, les actes de violence relatés dans les *Annales* de la ville et du département. En relisant ces pages sanglantes de notre histoire, en s'arrêtant devant le tableau des misères profondes, des calamités affreuses qui ont désolé nos populations pendant la longue suite de siècles écoulés depuis la conquête romaine, on est tenté de faire remonter le bon vieux temps sinon à l'âge d'or d'Hésiode et d'Ovide, du moins à l'époque indiquée par J.-J. Rousseau dans son fameux discours couronné en 1750 par l'Académie de Dijon.

Le temps présent vaut-il mieux? Les colonnes de tous nos journaux ne contiennent-elles pas chaque jour la relation de crimes nombreux, de crimes atroces, d'actes immoraux d'une violence et d'une bestialité révoltantes? Hélas! au xixe siècle, de même que dans ceux qui l'ont précédé, l'homme se retrouve toujours avec ses méchants instincts et ses mauvaises passions. Hâtons-nous de dire qu'en consignant ici les notes qui précèdent, nous ne nous sommes pas proposé d'autre but que celui de donner au lecteur quelque idée de ce qu'était la vie sociale et les mœurs dans le Mâconnais de l'ancien temps.

La guerre, la peste, la famine, si nous n'avons pas vu disparaître encore ces trois épouvantables fléaux, un jour viendra peut-être, ainsi que le prophétisait naguère Victor Hugo, un jour viendra où il n'y aura plus de guerres.

Les peuples finiront par comprendre que, dans ce terrible jeu des batailles, leur sang, leur territoire, leur pécule ont été, sont et seront toujours les enjeux engagés par les puissants ambitieux qui les gouvernent et que le déplacement d'une frontière dont les limites ne sauraient reposer que sur des bases mobiles et de peu de durée n'a jamais eu et n'aura jamais pour effet de les rendre plus heureux [1].

Nous n'avons plus guère à craindre aujourd'hui la peste et la famine, ces deux monstres horribles qui viennent, l'un précédant l'autre, ou tous les deux ensemble, répandre le

---

[1] Les rois et leurs ministres n'ont cessé d'attiser les inimitiés réciproques entre les nations, parce qu'en faisant guerroyer les hommes on est dispensé de les bien gouverner. (MIRABEAU.)

deuil et la désolation dans les campagnes et dans les cités.

De nos jours, en effet, une hygiène mieux entendue, les travaux d'assainissement accomplis partout ont fait disparaître la peste, ce terrible fléau qui.jadis dépeuplait si rapidement des contrées entières. D'un autre côté, la famine n'est plus à redouter, grâce à l'extension et à la rapidité des communications, grâce au précieux tubercule cultivé partout aujourd'hui, la pomme de terre importée et acclimatée en France, sous Louis XIV, par les soins de l'agronome Parmentier, ce bienfaiteur de l'humanité, dont le peuple connaît à peine le nom.

Peste et famine n'apparaissent qu'à la suite des grandes luttes sanglantes dont nous venons de parler, luttes qui ont pour résultats inévitables de retirer à la terre les hommes valides qui la cultivaient pour joncher de leurs cadavres les sillons que leurs bras savaient rendre fertiles.

SENTENCES ET ORDONNANCES CONCERNANT LA POLICE LOCALE.

Citons, en passant, les sentences et ordonnances suivantes :

En 1645, « défense aux cabaretiers de retirer, tant de jour que de nuict en leurs cabaretz, les enfants de famille, leur y bailler à boire et à manger, à peyne de l'amende de 500 livres et de punitions corporeiles et de la perte de ce qui se trouvera estre dheub pour raison de ce que dessus. »

Les contraventions de cette nature sont punies aujourd'hui d'une amende de 1 fr. à 5 fr. (Loi sur l'ivresse du 23 janvier 1873, art. 4.) « Toutefois, dit la loi, dans le cas où le débitant sera prévenu d'avoir servi des liqueurs à un mineur de moins de 16 ans, il pourra prouver qu'il a été induit en erreur sur l'âge du mineur ; s'il fait cette preuve, aucune peine ne lui sera applicable de ce chef. »

Il faut convenir que si la défense de 1645 était trop sévère à l'endroit des cabareticrs, il n'en est pas de même de la loi de 1873.

En 1662, défense est faite aux maîtres des basses-œuvres, le mot est bien trouvé, chargés de faire la vidange des latrines, de transporter à l'advenir aucunes matières ailleurs qu'en la rivière et en bas du pont, singulier moyen de purifier l'eau.

En 1685, défense est faite aux pauvres de mendier dans la ville, et aux habitants de leur donner l'aumône.

En présence des associations charitables de toute nature qui existent dans notre ville, des secours importants qu'elles répandent, on est étonné à bon droit de ne pas voir revivre la défense de 1685, voire même celle contenue dans les capitulaires de Charlemagne (voir p. 18). C'est d'autant plus regrettable que la mendicité est généralement exercée par des gens qui en font métier et qui pourraient se livrer à un métier plus honorable. « Je n'aime pas l'aumône qui humilie et qui rend les hommes mauvais, m'écrivait dernièrement un vieux docteur du département de Seine-et-Marne, je recommande le travail qui suffit à tout et à tous, oui, le travail qui est la condition fondamentale de la vie, qui est une source de santé, de bien-être et de moralité. » Oui, docteur, le travail suffit à tout et à tous : celui qui peut, qui sait travailler ne devrait jamais tendre la main pour solliciter de l'aumône le pain nécessaire à son existence.

En 1756, plaintes devant la justice de Saint-Clément-lès-Mâcon contre les boulangers soupçonnés de vendre à faux poids et de mêler des légumes dans leur pain bis.

En 1690, une sentence rendue au siège présidial de Mâcon défendant à tous marchands de cette ville de Mascon, pays et comté de Masconnais, d'acheter des vins étrangers et de les faire conduire tant en cette ville qu'au dit pays pour les y vendre et débiter en gros et en détail et de négotier d'autre vin que celui du crû de ce dit pays, à peine de confiscation des vins, batteaux, chars, charettes, chevaux, bestail et harnais, et de mille livres d'amende applicables, moitié au roy, un quart au dénonciateur, un quart aux pauvres de la Charité de cette ville.

D'où il paraît résulter que la vente à faux poids et la falsification ou sophistication des denrées ne sont pas des inventions récentes.

Il n'est pas sans intérêt de rapprocher ici de la dernière sentence citée plus haut une autre du même siège présidial de 1678, décidant que l'usage de la province de Bourgogne et comté de Masconnais est et a été, depuis l'établissement des droits d'octroi, de composer le millier de merrein propre à faire des tonneaux de 2,400 pièces, outre trois autres pièces par chaque cent, appelées vulgairement le jet et la demande et le millier du petit merrein propre à faire des *fillettes* ou demi-tonneaux de 3,600 pièces outre les susdites trois pièces pour le jet et la demande par chaque cent.

Est-ce donc par corruption du mot fillette que nous disons et écrivons feuillette aujourd'hui ?

Le tonneau ou pièce étant d'une capacité double de la fillette était la mère sans doute.

Et la botte contenant deux pièces ne pouvait être que la grand'mère.

Bonne et chère grand'mère bien choyée, bien fêtée, lorsqu'elle contenait, lorsqu'elle contient encore les produits purs, sans mélange, de nos meilleurs crûs de Bourgogne et du Mâconnais.

Aux temps dont nous parlons, tous les juges n'étaient pas sévères au même titre.

Un magistrat qui avait le cœur tendre, au moins à l'endroit des compagnons de son saint patron, c'est messire Antoine Labletonnière, juge en la châtellenie de Saint-Gengoux. En 1625, deux pâtres nommés par lui sont chargés de mener paître les pourceaux des habitants de la ville depuis la fin de mars jusqu'après les récoltes et vendanges entièrement faites et parachevées, moyennant trois sols par tête et à la charge qu'ils conduiraient les dicts pourceaux par les ruelles de la présente ville et non par les rues publiques, à peine d'amende, et conduiraient iceux *en bons pères de famille.*

Dans tous les cas, il faut convenir que si nos lois pénales étaient d'une rigueur excessive autrefois, dans la plupart des cas il n'en est plus de même aujourd'hui. Ne pèchent-elles pas par l'excès contraire, ou plutôt les tribunaux chargés de les appliquer n'usent-ils pas trop largement de la faculté qui leur est accordée par les articles 463 et 483 de notre Code pénal d'atténuer dans les mesures qu'ils indiquent les peines que ce Code prononce ? Beaucoup le pensent.

Si, moins indulgentes que les docteurs de la Synagogue, qui, en s'inspirant de leurs lois talmudiques, professent « qu'un tribunal qui prononce une condamnation à mort en sept ans, et même une fois en 70 ans, est un tribunal de meurtriers, » nos cours d'assises prononcent encore la peine capitale, si cette peine n'est pas entièrement abolie, c'est que la société attend toujours, suivant l'heureuse expression d'Alphonse Karr, que MM. les assassins commencent.

Revenons à nos archives.

En 1559, une sentence du bailliage de Mâcon « condamne les marchands de la ville à payer à Claude Bulyon tenant par achapt du roy les halles de la dicte ville les droits accoutumés, savoir : les cordonniers et les marchands drapiers, chacun 20 sols par an ; les fabricants de drap et les merciers 10 sols ; les apothicaires 5 sols ; les potiers d'étain et les pelletiers 2 sols 6 deniers ; les chaudronniers 2 sols.

» Et pour ce est permis aux marchands d'aller vendre aux dictes halles es jours de foyres et marchez et ores qu'ils ne vouldraient aller vendre aux dictes halles, ils sont toujours tenuz au dict payement. »

Le prix payé par l'acquéreur des droits de place entrait-il dans la caisse royale ou dans celle de la ville? MM. les Apothicaires, qui payaient 5 sols par an le droit d'aller vendre dans les halles de la ville les jours de foyre et de marché, profitaient-ils de ce droit pour aller étaler là les produits qui garnissent aujourd'hui l'officine? On ne le dit pas.

Une autre sentence du même bailliage, datée de 1606, condamne les tenanciers de certains fonds sis à Sancé à payer à Brice Bauderon, seigneur de Sennecé, « une cuisse de bœuf d'annuel cens, ladite cuisse sans distraction du second bœuf dit le boujon, qui se tue à la grande boucherie de Mascon, le jour vigille nativité de nostre Seigneur, après le premier vulgairement appelé le bœuf couronné. »

En 1641, requête d'un boucher au siège présidial de Mascon portant que « de toute ancienneté et par coutume qui se pratique en ceste ville le jour feste de sainct Anthoine entre la communauté des bouchers, que celuy qui se trouve saisi des deux plus gros bœufs que l'on dict le premier se nommer le bœuf couronné et le second le boujon, il luy est permis de les faire marcher par la ville, à son de tambour, ayant les frontz couverts des armes de la ville. »

On promène encore ainsi de nos jours le bœuf couronné et le boujon.

SYMBOLES.

En dépit des calamités qui ont pendant tant de siècles affligé notre malheureux pays, la vieille gaieté française ne perdait pas ses droits; sur ce point encore, il peut être intéressant de consulter nos archives.

En 1585, à une audience du bailliage royal, le procureur scindyc, des procureurs du siège expose que « le jour d'hier la compagnie desdicts procureurs ayant prins assignation d'aller gouster en la maison de maître Demontmessin, l'un d'iceulx, à peine contre le contumax d'une collation, en l'assemblée desquelz estoit présent maitre Anthoine Descrivieux, qui au lieu de suivre la troupe, se retira en sa botique, quoy qu'il fust duement sommé par le dict procureur scindicq, présence de deux témoins, d'assister; occasion de quoi pour sa contumace il fut condamné à bailler la collation à icelle compagnie dimanche proschain, qui luy fust dénoncé à l'issue du dict gousté par Mᵉ Boton, avocat en ce siège, en présence du sieur procureur du roy et de tous les dictz procureurs; ledit sieur Boton, en signe de ce, présenta au dict Descrivieux un arveault ou eschaudé avec ung bocquet; le dict Descrivieux de despit gecta le dict arveault et bocquet parmi la rue, en quoy il a commis une grande faulte tant à l'endroit de celuy qui le luy présentoit que par le mépris du dict arveault qui est pain destiné pour la nourriture des créatures raisonnables; si requiert que le dict Descrivieux soit condamné, pour réparation envers les dicts procureurs et pour tous dommaiges interestz, à leur faire un banquet honorable auquel assistera ledit sieur Boton. »

Nous remarquons que l'homme de loi chargé de faire

connaître au procureur Descrivieux la condamnation prononcée contre lui par ses confrères, lui présente un arveault orné d'un bouquet. Descrivieux ayant manqué au rendez-vous pris pour le gouster, devait offrir une collation ; la présentation de l'arveault, autrement dit du chanteau[1], était un symbole, un témoignage produit à l'appui de l'assignation donnée à Descrivienx.

Les *Annales* de l'Académie de Mâcon contiennent, à la page 107 du volume publié en 1862, une intéressante étude sur la symbolique du droit. L'auteur, M. Simonet, après avoir rappelé que le symbole est, en général, une représentation, un acte ou un signe destiné à frapper l'imagination et à rendre sensible l'idée qui y est contenue, comme la *denunciatio novi operis* des Romains qui se faisait en lançant une pierre contre le mur indûment élevé, l'auteur, disons-nous, rend compte de poursuites pour bris de clôture portées devant le tribunal de Mâcon en 1860.

Une famille B..., qui croyait avoir été dépossédée à tort d'un immeuble qui lui avait appartenu, s'était présentée à la porte de la cour de la maison qu'elle avait trouvée fermée; un des membres avait fixé un clou dans la porte ; et après y avoir accroché une crémaillère et une marmite apportées tout exprès sur les lieux, on avait allumé du feu dessous. Les enfants s'étaient ensuite transportés sur des terres qui avaient appartenu à leur père et y avaient donné plusieurs coups de pioche.

Lorsqu'on leur demanda pourquoi ils avaient agi ainsi, ils répondirent : « C'était le seul moyen qui nous restât d'obtenir justice. »

La vente, l'échange, la donation, le partage, de même

---

[1] On appelle chanteau le premier morceau coupé d'un grand pain; on présente le chanteau du pain bénit à la personne qui doit l'offrir au premier dimanche. Cet usage, qui remonte à une époque assez éloignée, est encore en vigueur aujourd'hui à Mâcon.

que le déguerpissement étaient, dans l'ancien temps, accompagnés, dans notre pays, d'actes solennels destinés à en manifester l'existence et à en conserver le souvenir. La transmission de propriété s'effectuait devant le roi, devant le comte ou son *missus* présidant le mâl et plus tard devant le plaid de la cour féodale.

En 825, le comte Varin prit possession de Cluny en présence de Louis le Débonnaire et en reçut l'investiture de l'évêque Hildebaud, « *per ostium de ipsâ casâ vel cespitem de ipsâ terrâ.* »

Vers 960, Odon restitua à l'évêque Maimbod la chapelle et les dîmes de Saint-Gengoux-de-Scissé, en présence du comte Léotald présidant le mâl et, en signe de déguerpissement, il lui remit un couteau, « *per cultrum verpivit.* »

Le cartulaire de Cluny donne de nombreux exemples de tradition symbolique devant les plaids de cours féodales. Ervée fit, devant le comte Othon, le vicomte Hugues et Ulric, abandon de possession par le fétu ou *rameau*, « *per festucam.* »

Humbert, condamné par ses pairs à restituer à l'abbé de Cluny les usurpations qu'il avait commises, en délaissa la possession en leur présence, par la remise d'une pierre entre les mains du prieur, etc., etc.

COMPAGNIES ET SOCIÉTÉS MACONNAISES.

En 1550, des exemptions de tous droits sont accordées au roi du jeu de l'arc.

En 1728, les chevaliers de l'Arquebuse vont aux prix de Chalon ; Claude Cadot, l'un d'eux, y remporte le 1er prix ; ils reviennent accompagnés des chevaliers de Chalon ; il y a réceptions et réjouissances.

En 1761, Pierre-Etienne Chalandon, chevalier de l'Arquebuse, est exempté de toutes charges pour avoir abattu l'oiseau trois ans de suite.

En 1674, nos chevaliers, invités le même jour aux prix de Dijon et de Lyon, vont à Dijon ; on leur recommande de ne céder le rang qu'aux chevaliers de cette ville.

Autrefois il était d'usage dans les tribunaux, aussi bien en province qu'à Paris, de renvoyer à la dernière audience d'avant le carême ce que l'on appelait, ce que l'on appelle encore aujourd'hui les causes grasses, les juges partageant sans doute la pensée traduite dans ce quatrain de Regnard :

> La raison vainement voudrait nous interdire
> Le carnaval, ce passe-temps si doux ;
> Les moments que l'on passe à rire
> Sont les mieux employés de tous.

Les juges laissaient le carnaval pénétrer, dans une certaine mesure, jusque dans le sanctuaire de la justice ; les avocats s'en donnaient à cœur joie, faisant assaut d'esprit rabelaisien.

A Mâcon, une association de jeunes gens ayant à leur tête un bailli et un abbé dits de Maugouvert, ayant, on peut le supposer du moins, quelques affinités avec les femmes de mauvais gouvernement[1], revendiquaient l'honneur de juger les causes grasses. En effet, à une audience tenue au bailliage royal, en 1581, assignation ayant été donnée par Benoît Pelletier à Aurelia Salla, joueuse de comédie, faisant partie d'une troupe venue à Mâcon pour jouer des comédies à la manière ancienne ; ledit Pelletier appelant d'une sentence rendue par l'official en la primatie de Lyon touchant la séparation de mariage. « Intervint l'abbé de Maugouvert remontrant que cette cause devait

---

[1] Voir *Annales de l'Académie de Mâcon*, 1880, page 356.

être portée devant le bailli de Maugouvert. Les gens du roy ont dict que les dits Aurélia et Pelletier se sont quictez l'ung l'aultre, comme appert par contract receu par devant notaire en la ville de Lyon; quoy attendu et nonobstant tout ce qui s'est passé, le dict Pelletier usant de force veult ravoir la dite Aureille, commectant ung rapt et viol ; de quoy la congnoissance nous appartient. — Comparution de Barthélemy Chambellat, au nom de damoyselle Oreillya Salla, sa femme. — Sentence portant que icelles parties se pourvoiront par-devant leur juge compectant, hu esgard au contract d'accord et sentence rendue par l'official de la primace à Lyon et ce pendant avons ordonné aux dicts commediens de vuider la ville dans le terme à eulx préfigé, et ce pendant mis, mettons iceulx commediens en la saulvegarde du roy et de nous, avec inhibitions et deffences au dict Pelletier de les suyvre ici après à la portion, ils tireront, pour leur fayre, médire ni molester en leurs personnes et biens directement ou indirectement ; soit par lui ou interposite personne, à peine de pugnition exemplayre et aultres plus grandes peines s'il y eschet. »

C'était bien là une cause grasse ; pourquoi n'a-elle pas été abandonnée à la juridiction fantaisiste du bailli de Maugouvert ?

En recherchant dans les archives publiques et dans celles que peuvent posséder certaines familles du Mâconnais, on trouverait peut-être des détails intéressants sur cette société de jeunes fous dite de Maugouvert, qui paraît avoir eu une assez longue existence. Si nous ne connaissons pas la date de sa fondation, nous avons tout lieu de croire qu'elle a pris fin après l'ordonnance ci-après rendue au siège présidial de Mâcon le 12 février 1625. Cette ordonnance porte interdiction aux jeunes gens de la ville de procéder à l'élection d'un abbé de Maugouvert.

« Avons aussi fait deffences d'en prendre et accepter le
nom et qualité et en faire les fonctions à peyne de la vie,
disons et ordonnons que la dicte qualité d'abbé de Maugouvert sera cy-après tenue et reputée infâme et portant
tache d'infamie envers la postérité à tous ceulx qui en
seroient de nouveau pourveuz ; deffendons à toutes personnes de s'en dire d'ici en avant suppostz ou officiers et
d'en faire les fonctions, sous mesme peyne. »

En la même année 1625, une société, formée sans doute,
au moins en partie, des débris de celle qui était présidée
par le bailli de Maugouvert, appelait de nouveau l'attention
de la justice. On trouve, en effet, dans les archives du
siège présidial, à la date du 20 septembre de cette année
1625, l'ordonnance qui suit :

« Sur l'advis qui nous a été donné qu'en ceste ville,
puis quelques jours, il s'estoit fait ung amas et troupe de
nombre de gens desbauchez, mariez et non mariez, les
quels se faisoient nommer la troupe joieuse, s'estant
donnez un chef qu'ils appellent le Prince, portans certaines livrées en leurs chapeaux, affin d'estre recognus
et commettant infinis desbauches indignes, le jour et la
nuict, ez cabaretz, tavernes et maisons particulières, où
ils mènent et font trouver des filles de joye et femmes
impudiques, passent les nuicts avec elles, dont pourroit
arriver quelques meurtres et autres accidents, s'il n'y estoit
pourveu ; pourquoi nous avons fait très expresses inhibitions et deffenses à toutes personnes de faire assembler
soubs quelque prétexte que puisse estre, marcher la nuict
par la ville sans lumière, porter espées et aultres armes,
aller ez tavernes et cabaretz la nuict close ; à tous hostes
et cabaretiers donner à boire la nuict à ceulx de la ville,
les loger et donner retraite ny de retirer en leurs maisons
filles et femmes recognues mal famées et de mauvaise vie,

le tout à peyne aux ungs et aux autres d'estre expulsez de la ville comme perturbateurs du repos et bien public et plus grande peyne s'il y eschet. »

L'association de Maugouvert, ou mauvais gouvernement, et la troupe joyeuse qui lui a succédé étaient-elles plus mauvaises, au fond, plus dangereuses que ces nombreuses corporations de basochiens, que les confréries bouffonnes des enfants sans souci présidées par le prince des sots, que la société dite la Mère folle de Dijon, et cent autres semblables? *Chi lo sa?* Ce qui est certain, c'est que, dans les sociétés en général, au milieu d'une gaieté que nous ne connaissons. plus aujourd'hui, il se dépensait beaucoup d'esprit, plus peut-être qu'on ne saurait le faire dans les cercles enfumés où les hommes, jeunes et vieux, passent maintenant une notable partie de leur existence à battre des cartes ou à pousser des dominos.

Si les associations et confréries dont nous venons de parler avaient de fréquentes réunions dans le courant de l'année, c'était surtout à l'époque du carnaval qu'elles tenaient leurs principales assises, qu'elles montraient le plus d'activité.

Maintenant que, grâce à la facilité, à la rapidité des communications, nous vivons beaucoup moins chez nous et beaucoup plus au dehors, maintenant que, sous l'empire de la vie enfiévrée qui caractérise notre époque, nous marchons, impatients du but, sans daigner nous arrêter un instant pour cueillir une fleur au passage, maintenant que le goût du confortable, sinon du luxe, a envahi toutes les classes de la société, nous nous faisons difficilement une idée de la simplicité qui régnait autrefois, même dans les familles les plus riches de nos villes de province, de la tendance que l'on avait à fêter tous les saints, du soin que l'on mettait à rechercher toutes les occasions de s'amuser.

Ce qu'était le carnaval alors, dans le Mâconnais comme ailleurs, demandez-le à ceux dont les souvenirs remontent au delà d'un demi-siècle.

LA DIME, LES TAXES.

Dans les archives du bailliage de Mâcon, à la date de 1623, nous trouvons une déposition des principaux habitants de Titry portant qu'ils ont toujours payé à leur curé les dîmes à raison de la 13ᵉ gerbe pour le froment, le seigle, l'orge et l'avoine, de la 15ᵉ pour les fèves, de la 20ᵉ pour le chanvre et de la 13ᵉ benne de vendange.

En 1617, on lit sous ce titre : *Mercuriales et taxes*, *taxe donnée aux hôteliers* : « La journée d'homme de cheval à table d'hôte, 40 solz depuis le 1ᵉʳ octobre jusqu'à Pasques, et depuis Pasques jusqu'au 1ᵉʳ octobre 35 solz (15 solz pour le dîner et 25 ou 20 solz pour le souper), nourriture et logement d'un cheval pour la journée ayant 5 picotins d'avoyne, 12 solz et son avoyne, 8 solz; la journée d'un homme de pied à table d'hoste, en tout temps 20 solz. »

La gent taillable et corvéable à merci ne paye plus la dîme, l'impôt a changé de nom. Jean Bonhomme s'exécute et ne dit rien. Ah! s'il pouvait faire l'addition de tout ce qui sort de son escarcelle pour payer ses contributions directes et indirectes, pour acquitter ses droits de douane, d'octroi, de timbre, d'enregistrement, s'il pouvait se rendre compte de la somme relativement énorme prélevée chaque année sur l'air qu'il respire, sur les denrées qu'il consomme, sur celles qu'il porte au marché, sur toutes les choses qui servent à ses besoins, à ses affaires, à ses délassements, à ses plaisirs. Ah! jarnidieu! Tant il est vrai qu'en France il suffit souvent de changer l'étiquette du sac pour faire passer la marchandise.

Une taxe que les voyageurs seraient fort heureux de voir revivre partout, c'est celle que l'on imposait aux hôteliers de notre bonne ville il y a deux siècles ; il est vrai de dire qu'à cette époque le prix des victuailles était beaucoup moins élevé qu'aujourd'hui.

Une ordonnance de 1662 « enjoinct à toutes personnes tant hosteliers, cabaretiers qu'autres, de fournir et délivrer la volaille et le gibier au taux ci-après escript, savoir : La poule 8 sols, le chapon gras 18 ; le chapon de paille 10, le poulet de trois mois, 2 sols 6 deniers, le levreau de quatre à cinq mois, 20 sols, le grand lièvre 12 sols, le coq d'Inde de 10 mois 25 sols ; le dindonneau 15 sols, le canard sauvage 12 sols ; le domestique 5 sols ; la perdrix 20 sols ; la bécasse 12 sols ; la douzaine d'alouettes 6 sols ; la douzaine de grives et merles 18 sols ; le cochon de lait 15 sols ; la paire de pigeonneaux 5 sols ; la sarcelle 6 sols ; le vanneau 6 sols ; laye sauvage, 20 sols ; laye privée, 10 sols ; la caille grasse et la tourterelle, 6 sols pièce ; la bécassine, 3 sols. Tarif du poisson : le brochet et la perche, 8 sols la livre ; la truite et la lotte 12 sols ; la carpe, le barbeau, la brame et la tanche, 2 sols 6 deniers ; le cent de grenouilles, 4 sols. »

Ouf ! quel pays de Cocagne serait celui où l'on pourrait se procurer de nos jours toutes ces bonnes choses aux prix tarifés ci-dessus.

POPULATION.

D'après le dénombrement de la population fait en 1774, Mâcon contenait 7,111 habitants. Cette population a plus que doublé dans l'espace d'un siècle, puisque, d'après le recensement fait en 1876, le chiffre s'en est élevé à 17,570.

Ce chiffre tend-il à s'accroître? Il est permis d'en douter. En consultant les registres de l'état civil de notre ville chef-lieu, de même que ceux des communes rurales, j'ai relevé les chiffres suivants pour les trois dernières années qui viennent de s'écouler.

ANNÉES.	NAISSANCES		DÉCÈS	
	à Mâcon.	dans les communes.	à Mâcon.	dans les communes.
1878	508	219	550	221
1879	479	303	510	205
1880	479	205	542	183
Totaux pour les 3 années.	1,466	627	1,602	609

D'où il ressort que si, dans les communes rurales, il y a eu, dans l'espace de ces trois ans, 18 naissances de plus qu'il n'y a eu de décès, à la ville, au contraire, dans le même espace de temps, le nombre des décès a excédé de 136 le nombre des naissances. Au lieu d'être en voie de progression, notre population diminue.

Qu'il nous soit permis, honni soit qui mal y pense, de reproduire ici, dans le style de l'époque, une anecdote qui date du siècle de Molière :

Un paysan du bourg de Bulles (Oise) avait épousé une fille qui accoucha après quatre mois de mariage. Pour ne point agir à la légère, il crut devoir, avant tout, consulter sur ce cas qui lui paraissait étrange. Le casuiste auquel il s'adressa prit gravement un in-folio, le feuilleta et dit : Mon ami, savez-vous lire ? — Non, monsieur. — Tant pis ; mais écoutez :

Au pays coutumier de Bulles en Bullois,
Femme peut accoucher au bout de quatre mois ;
Mais cela seulement pour la première fois.

Oubliant, ou ne sachant pas sans doute qu'elles habitent un pays de droit écrit, il est des Mâconnaises, nos registres de l'état civil peuvent en' faire connaître le nombre, qui s'appliquent sans vergogne le bénéfice de la coutume de Bulles en Bullois ; il en est d'autres, hélas ! le fait est bien plus grave, qui, ne trouvant pas un épouseur dans le père de l'enfant qu'elles portent dans leur sein, ont le triste, l'affreux courage de recourir au crime d'infanticide pour chercher à échapper par là au déshonneur et à la misère.

Cette question du décroissement de la population est d'une actualité tellement palpitante qu'elle s'impose forcément à la méditation des législateurs. Il m'a semblé qu'elle n'était pas étrangère à mon sujet, que je pouvais la signaler dans mon canton en groupant quelques chiffres, en faisant remarquer qu'en présence du fléau qui vient d'envahir nos vignobles et dont la marche croissante et rapide menace de tarir la source féconde qui remplissait nos cuves et nos celliers, la population pourra, dans un avenir prochain, décroître, en désertant les coteaux où elle vivait de la culture et des produits de la vigne.

Déjà, paraît-il, dans un pays voisin du nôtre, dans le Beaujolais, des familles de vignerons ont quitté le pays pour chercher un travail plus rémunérateur que celui qui reste à faire.

On a constaté, chose étrange, que la fécondité des femmes est grande ou restreinte en raison inverse de la fécondité ou de la stérilité du pays qu'elles habitent. Plus un pays est pauvre et plus il y naît d'enfants, plus il y grandit de bras pour cultiver la terre et la défendre. Plus le sol est fertile, plus le pays est riche, et moins les mariages sont féconds.

De tout temps, les législateurs de tous les pays ont dû songer à cette question du nombre relatif des naissances. Dans aucun temps la France n'a eu à s'en préoccuper plus qu'aujourd'hui. Pendant que notre ennemie héréditaire voit sa race prolifique essaimer, chaque année, par milliers, par dizaines de milliers d'individus à l'étranger, nous sommes obligés de constater que, chez nous, dans beaucoup de localités, les bras manquent à la terre. On dirait que nous sommes atteints d'anémie, que ce sang gaulois si généreux, si riche, si fécond autrefois, tend à se raréfier, à s'épuiser insensiblement. Quelles en sont les causes?

Le célibat d'abord. Le célibat auquel se condamnent volontairement et auquel sont forcément condamnés une foule de jeunes gens des deux sexes; le célibat, que les anciens tenaient en mépris et que nos mœurs et nos lois encouragent.

Croissez et multipliez, dit la loi de Moïse (Genèse, v. 28).

Marie-toi jeune, afin que ton fils te succède et que la chaîne des êtres ne soit pas interrompue, dit aussi la loi de Confucius.

Dans le Talmud, le mariage est d'abord présenté comme une obligation, une des plus inviolables que Dieu ait imposées à son peuple et aux hommes en général. « Tout homme qui ne contribue pas à la propagation de l'espèce peut être assimilé à un meurtrier. » « Quiconque vit dans le célibat n'est pas un homme. Il n'y a pour lui ni joie, ni bénédiction, ni bonheur, ni paix. » D'après le traité d'Aloth, un jeune homme de vingt ans qui est encore célibataire doit être contraint de prendre femme.

L'homme qui a endossé l'uniforme du soldat, soit qu'il porte l'épaulette d'or ou l'épaulette de laine, cet homme bien constitué, fort, robuste entre tous, cet homme qui devrait, marié jeune, doter sa patrie de rejetons sains et vigoureux comme lui, cet homme, quand il se marie, ne peut le faire que tardivement.

Quant à celui qui n'est point empêché par les vœux du religieux ou par les exigences du Code militaire, soumis à la loi générale qui ne lui permet de prendre femme qu'après avoir accompli sa vingt-cinquième année, s'il n'a pas pu obtenir, avant cet âge, l'assentiment de ceux qui ont autorité sur lui, effrayé, non sans raison, des dépenses que nécessite un ménage dans notre siècle, où les femmes, en raison de l'éducation qu'elles reçoivent, ne sont pas toutes en état d'administrer une maison, qui ne dispose que d'un modeste budget; sachant, d'ailleurs, que partout, dans tous les emplois, même dans ceux qui dépendent des administrations qui relèvent directement de l'Etat, pour le même grade, pour le même travail, le célibataire est rémunéré tout autant que l'homme marié et chargé de famille, cet homme trouve que, grâce à l'immunité de nos lois et à l'élasticité de nos mœurs, il peut, sans trop pâtir, prolonger ce que l'on appelle la vie de garçon. Si l'on faisait en France la statistique des hommes qui ne se marient qu'après l'âge de trente ans, on serait étonné des chiffres qui pourraient être relevés ici et là, surtout dans les villes.

A cette cause première du célibat, on peut en ajouter d'autres.

Chez les Germains, d'après Tacite, c'était une abomination de ne vouloir qu'un certain nombre d'enfants. En est-il de même aujourd'hui parmi nous?

Chez nos ancêtres, peu de mères avaient recours à l'allaitement mercenaire. On peut savoir dans quelle proportion cet allaitement a lieu de nos jours et quels résultats il produit.

Disons aussi que le défaut de surveillance des grossesses entraîne beaucoup plus d'avortements et beaucoup plus d'infanticides qu'autrefois.

Un édit de Henri II, daté de février 1556, porte que toute femme qui se trouvera convaincue d'avoir célé, couvert et occulté, tant sa grossesse que son enfantement, sans avoir déclaré l'un ou l'autre et pris de l'un ou l'autre témoignage suffisant, même de la vie ou mort de son enfant, lors de l'issue de son ventre, et qu'après l'enfant se trouve avoir été privé du baptême et sépulture, telle femme sera réputée avoir homicidé son enfant, et pour réparation punie de mort, et de telle rigueur que la qualité particulière du cas méritera.

Cet édit porte, en outre, que les juges royaux et autres seront tenus de le faire publier tous les trois mois et qu'il sera lu et publié au prône des paroisses.

Cette publication est encore ordonnée par une déclaration du 25 février 1708, qui enjoint à tous curés et vicaires de la faire de trois mois en trois mois au prône des messes paroissiales et d'envoyer un certificat de ladite publication aux procureurs du roi des bailliages et sénéchaussées, dans lesquelles les paroisses sont situées, et, en cas de refus, la déclaration ordonne qu'ils pourront y être contraints par saisie de leur temporel, à la requête des procureurs généraux, ou diligence de leurs substituts, chacun dans leur ressort.

Plusieurs arrêts rendus depuis cette déclaration ont aussi ordonné la publication de l'édit de Henri II tous les trois mois. Celui qui a été rendu le 16 mars 1721, en forme de règlement, a même enjoint aux juges, lorsqu'ils avaient jugé les femmes et filles accusées d'avoir célé leur grossesse et enfantement, d'y joindre un certificat signé d'eux, contenant la dernière publication qui en aura été faite, comme aussi enjoint à tous chirurgiens qui seront appelés pour visiter les cadavres des enfants, dont lesdites femmes ou filles seront accouchées, de déclarer, dans leur rapport, si lesdits enfants sont venus à terme et vivants.

L'édit de Henri II, qui avait pour but de prévenir les infanticides, a été abrogé implicitement par nos lois nouvelles ; aujourd'hui, la déclaration de grossesse ne peut être que volontaire. Faite devant notaire par la femme, elle équivaut à la reconnaissance expresse de l'enfant qu'elle porte dans son sein ; faite dans un acte sous signature privée, elle forme un commencement de preuve par écrit pour la recherche de la maternité ; faite verbalement par une femme mariée, après le décès de son mari, elle suffit pour motiver la nomination d'un curateur au ventre.

Si la recherche de la maternité est admise, celle de la paternité est interdite (art. 340, 441, Code civil). Le sera-t-elle longtemps encore d'une manière absolue ? Il est permis d'en douter. Nos législateurs s'occupent en ce moment de cette grave et intéressante question, et tout récemment la cour de Bourges a rendu un arrêt qui pourra donner à réfléchir aux maîtres qui abusent des pauvres filles qui sont confiées à leur surveillance.

Une fille, Eugénie G..., âgée de 18 ans, était entrée au service d'un sieur B... Vers la fin de 1876, elle accouchait d'une petite fille. Dans le courant de l'année suivante, elle déclara que B..., à qui elle avait eu la faiblesse de céder, l'avait rendue mère. Manquant de ressources suffisantes pour élever son enfant, la fille G... porta devant le tribunal civil une demande en dommages-intérêts. Cette demande fut purement et simplement rejetée.

Mais, sur l'appel interjeté, la cour de Bourges a rendu un arrêt précédé de considérants établissant qu'Eugénie G... avait été séduite, que sa position dépendante et sa grande différence d'âge avec B... ne lui avaient permis que difficilement de se soustraire à l'ascendant moral de son maître

et à l'accomplissement de ses désirs ; qu'elle était dans
l'impossibilité de subvenir aux besoins de son enfant. En
conséquence, la cour a infirmé le jugement dont était
appelé et condamné B... à payer à Eugénie G... une somme
de 10,000 fr., avec intérêts du jour de la demande et, en
outre, en tous les dépens de première instance et d'appel.

« Suivant l'ancienne jurisprudence, dit Denisart, on
condamnait au dernier supplice l'homme non marié qui
avait engrossé une fille, s'il n'aimait mieux l'épouser. Mais
on s'est relâché de cette sévérité, on en est quitte actuellement (1750) pour des dommages-intérêts qui s'arbitrent
suivant les circonstances. »

L'édit de 1556 et les art. 41 et 42 de l'ordonnance de Blois
prononcent des peines capitales contre les coupables du
crime de rapt, et la déclaration du 26 novembre 1639, en
confirmant leurs dispositions, veut que les peines qu'ils
prononcent demeurent encourues, nonobstant les consente-
ments qui pourraient intervenir puis après de la part des
pères, mères, tuteurs ou curateurs.

L'art. 497 de la coutume de Bretagne prononce aussi la
peine de mort contre ceux qui seront convaincus d'avoir
suborné fils ou fille mineurs sous prétexte de mariage ou
autre couleur, sans le gré, vouloir et consentement exprès
des père, mère et tuteurs. Cette disposition de la coutume
de Bretagne a fait confondre dans cette province tout commerce criminel avec le rapt et séduction, et l'on y donnait
un si grand avantage à un sexe sur l'autre que la seule
plainte de la fille qui prétendait avoir été subornée, jointe
à la preuve d'une simple fréquentation, y était regardée
comme un motif suffisant pour condamner l'accusé au
dernier supplice.

Cet excès de rigueur était suivi d'un excès d'indulgence
quand la fille demandait à épouser celui qu'elle nommait

son suborneur. En effet, si celui-ci, comme il arrivait toujours, préférait le mariage à la mort, un commissaire du Parlement le conduisait à l'église les fers aux pieds, et sans publication de bans, sans le consentement du propre curé, et même sans la permission de l'évêque, on procédait au mariage par la seule autorité du juge séculier.

Cette jurisprudence, qui donnait souvent lieu d'appliquer la peine de la séduction à celui qui avait été séduit et la récompense à la séductrice, a été abolie par une déclaration du 22 novembre 1730, enregistrée au Parlement de Rennes.

Ceci ne prouve-t-il pas une fois de plus que, Gaulois comme ci-devant, nous dépassons trop souvent le but; le grand avantage que l'on donnait dans l'ancienne législation à un sexe sur l'autre existe toujours ; seulement, avec notre article 340 du Code civil, l'avantage appartient aujourd'hui au sexe fort ; ce n'est pas plus juste et c'est moins généreux puisqu'à notre sexe seul appartient le droit de légiférer. Entre les rigueurs de nos anciennes lois, en matière de séduction, et l'indulgence plénière accordée dans presque tous les cas au séducteur par notre loi moderne, il est un moyen terme que l'on saura trouver. Il faut de toute nécessité protéger enfin la femme contre celui qui veut lui ravir ce qu'Alexandre Dumas appelle son capital ; il faut protéger les innocentes créatures qui naissent de ces unions illicites, de ces unions où, bien souvent, hélas! le consentement de celle qui en subit physiquement et moralement toutes les lourdes et cruelles conséquences a fait complètement défaut.

Pour rendre hommage à la vérité, disons que si les prescriptions de l'édit de Henri II et les ordonnances qui l'ont suivi ont été ponctuellement exécutées dans le Mâconnais, les filles enceintes, séductrices ou séduites, paraissent avoir usé largement du bénéfice qui les autorisaient à actionner en justice le ravisseur de leur capital ; en effet, les minutes du siège présidial renferment un nombre considérable de déclarations de filles enceintes qui réclament et auxquelles on accorde des provisions payables par leurs séducteurs.

En 1629, faisant droit à une requête présentée contre Jean Roux, tisserand, accusé d'avoir débauché une fille qui s'est déclarée enceinte de ses œuvres, les juges ont rendu le jugement suivant : « Avons dict que le dict Jehan Roux sera mené et conduict par devant ung notaire pour stipuler le mariage, lequel il a consenti et ladite stipulation faite sera réintégré ez prisons jusqu'après la bénédiction nuptiale. »

Ajoutons encore qu'il résulte de procédures contenues dans un registre du bailliage royal de Mâcon qu'en 1559, un sieur Pierre Vernissat, charpentier à Chasselas, a été condamné à faire amende honorable pour avoir séduit Anne, sœur de Charles du Roux, écuyer, seigneur de la Combe et dudit Chasselas, qu'il en a appelé au Parlement de Paris ; qu'il a été élargi sous caution et que ladite Anne s'est réfugiée avec lui en Bresse.

Qu'à l'une des audiences tenues au même bailliage, en 1633, une sentence déclare Marc-Antoine de Digoine, écuyer, seigneur du Palais, « suffisamment convaincu d'avoir, par force, viollences, grandes menasses et sans raisons, retenu et faict garder au chastel du palais Marguerite Bonnefoy, femme de Léonard Bellat, notaire royal de Marcigny, par l'espace de douze jours ; pour réparation de quoy et aultres cas mentionnez au procedz, nous avons icelluy de Digoyne condamné à la somme de trois cens livres tournois envers les dictz mariez Bellat et Bonnefoy, pour dommages et intérestz, et à aulmosner la somme de deux cens livres aux pauvres prisonniers de ceste ville de Mascon. »

Ne peut-on pas conclure de tout ceci que, dans les siècles

qui nous ont précédés, les hommes n'étaient pas meilleurs, les mœurs n'étaient pas plus pures qu'ils ne le sont aujourd'hui; que les lois sévères, trop sévères, édictées contre la séduction et contre le rapt n'étaient pas toujours rigoureusement appliquées, puisque des nobles pouvaient, comme le seigneur de Digoyne, se tirer, moyennant quelques centaines de livres, d'un cas grave et pendable entre tous, et que des roturiers, coupables, comme le charpentier Vernissat, de séduction et de rapt d'une fille noble, pouvaient, après avoir été élargis sous caution, passer facilement à l'étranger avec l'objet de leur conquête.

Pour en finir avec le bon vieux temps, disons que, pour notre pays Mâconnais, ce temps paraît devoir être compris entre la fin du xvie siècle, après les guerres de religion, et notre grande Révolution.

Le bon vieux temps, c'est la période plus ou moins longue pendant laquelle une nationalité quelconque atteint son équilibre social et politique, pendant laquelle ses institutions, ses lois, ses croyances ne sont pas mises en discussion; une période pendant laquelle, enfin, la paix semble régner entre les diverses classes dont un pays se compose.

Le bon vieux temps, pour celui qui compte de nombreux hivers, c'est l'époque où, plein de sève, plein de force, plein de foi dans l'avenir, il marchait dans la vie riche de toutes ses illusions. Le bon vieux temps, c'est pour tous, à de rares exceptions près, le temps de la jeunesse.

PAGUS MATISCONENSIS.

Sous le titre trop modeste de préface et d'appendice au cartulaire de Saint-Vincent de Mâcon, M. Chavot a fait une longue et consciencieuse étude qui ne comprend pas moins de 230 pages format in-quarto, sur la condition de la propriété foncière et sur l'état social du Mâconnais dans l'ancien temps.

Je demande à mon docte confrère la permission d'extraire de son ouvrage ce qui peut prendre place dans le cadre que je me suis tracé.

Le pays mâconnais (*Pagus matisconensis* ou *matiscensis*), attribué par Charlemagne à son fils Louis, en 806, dans le partage de son empire, avait la même étendue que la paroisse ou l'évêché. En effet, étaient situés *in pago matisconensis*, savoir :

Au midi : Lancié, Lantignié, Apanié près Beaujeu, Lamure.

Au sud-ouest : Saint-Martin-de-Varennes-sous-Dun, Cours, Saint-Vincent-de-Rhins, Cublize, Mardore, La Frête, Iguerande, Charlieu avec la Celle-de-Rigny.

A l'ouest : Avenas, Buffières, Chidde, Pressy, Sainte-Colombe, Saint-Quentin, Le Rousset, Saint-Marcelin, Crais.

Au nord-ouest : Genouilly.

Au nord : Savigny, Sercy, Chardonnay, Ameugny.

Romenay, Bâgé, Replonges, sur la rive gauche de la Saône, Quincié, Dracé, Marchamps, au midi, faisaient partie du Lyonnais ; Tournus du Chalonnais ; Saint-Igny-de-Vers, Gibles, Montmelard, Dompierre, Trivy, Matour,

Sivignon, Vauzelles et Vaux-sous-Suin, au couchant, étaient du *pagus* d'Autun.

Le *pagus* se subdivisait en de nombreux *agri*, c'est-à-dire en territoires qui prenaient le nom d'un village de quelque importance. Ces villages devinrent naturellement les chefs-lieux des nouvelles paroisses rurales.

Toutefois, l'*agri* ne doit pas toujours être considéré comme circonscription administrative.

Dès la fin du ixe siècle, plusieurs *agri* furent qualifiés *pagi*.

Plusieurs chartes de Cluny subdivisent, au xe siècle, le *pagus* et le *comitatus* en vicairies ou vigueries, circonscription territoriale ainsi nommée parce qu'elle formait le district de la juridiction inférieure d'un viguier réunissant l'autorité civile et militaire.

La circonscription de la viguerie s'étendit souvent dans nos contrées sur plusieurs *agri*; aussi paraissent-elles avoir été moins nombreuses que les *agri*.

Le comté était la qualification administrative du même territoire ; le comté de Mâcon est mentionné, en 853, par Charles le Chauve.

Au nord, le comté ne dépassait pas les limites du *pagus*. Au xiiie siècle, il est vrai, Saint-Gengoux-le-Royal faisait partie du bailliage de Mâcon, mais c'est par suite de la réunion qu'en fit saint Louis, et il ne faut pas confondre le bailliage avec le comté.

A l'est, le comté était limité par la rive droite de la Saône. Cependant, dès les premières années du xe siècle, l'on voit figurer Saint-Laurent dans ce comté.

A l'ouest, il paraît avoir franchi les limites de l'évêché et du *pagus*, du temps des comtes héréditaires et s'être étendu jusqu'au Bois-Sainte-Marie. En effet, saint Louis ayant fait l'acquisition du comté en 1328, son bailli lui rendit compte des revenus du bailliage dès l'année suivante.

Les villages mentionnés dans les chartes du xe siècle, comme faisant partie du comté, côté du sud, se retrouvent également dans la désignation de l'évêché ou du *pagus*.

L'administration germanique ou le *comitatus* n'a pu donner à notre contrée sa première circonscription. En effet, les barbares acceptèrent généralement les divisions territoriales qu'ils trouvèrent établies et, dans l'administration, le comte burgonde remplaça le magistrat romain : le *præses* de la première Lyonnaise, dont faisait partie le *castrum* de Mâcon.

D'anciennes copies de la notice des Gaules nous apprennent que, dans le cours du ve siècle, Mâcon fut, comme Chalon, élevé au rang de cité.

En résumé, le Mâconnais doit son origine à la cité des derniers temps de l'empire romain.

L'évêché établi dans la cité a précédé le comté.

Le comté, circonscription administrative, d'abord limité au soir par le comté d'Autun, s'est étendu ensuite jusqu'au comté de Chalon, comprenant, au xie siècle, le Charollais.

L'origine de l'évêché de Mâcon nous est inconnue. On la fait généralement remonter au vi^e siècle. La date de l'érection du Mâconnais en comté l'est également ; l'existence de ce comté ne nous est révélée qu'au ixe siècle.

L'évêque était élu par le peuple et les clercs, conformément aux anciens canons de l'Eglise. Considéré comme personne privée, l'évêque possédait des propriétés et en disposait à sa volonté. Comme chef de l'église épiscopale, ses pouvoirs s'étendaient au temporel comme au spirituel.

Au temporel, il avait l'administration des propriétés de l'évêché, il ne pouvait les aliéner ou les engager qu'avec le concours du chapitre.

Au spirituel, il avait la juridiction ordinaire sur tous les établissements religieux situés dans le diocèse.

Le comte possédait tous les attributs de la souveraineté ; il était le pair de l'évêque.

Le vicomte était le lieutenant du comte et le remplaçait dans la présidence du mâl. Dans cette présidence, le comte ou le vicomte devait être assisté de scabins (échevins) habituellement au nombre de sept, c'est-à-dire d'assesseurs ou de juges choisis parmi les hommes libres du canton.

COLONS ET SERFS.

Les colons sont habituellement distingués des serfs : *coloni* et *colonæ, servi* et *ancillæ, ingenui* et *servi manentes.* Les ecclésiastiques ont respecté cette distinction avec plus de scrupule que les seigneurs laïques.

Les vastes possessions des abbayes de Cluny et de Tournus et celles de l'évêché ont fait maintenir, dans notre contrée, au profit des colons, la condition qui les distinguait des serfs à la glèbe.

Les *franci* étaient des colons libres cultivant les terres d'autrui ; ils étaient soumis à des redevances désignées quelquefois sous le nom de *franchisiæ mansi.*

Au xe siècle, les esclaves étaient passés de la maison du maître à la campagne, du service de la personne à la culture des terres ; d'esclaves ils étaient devenus serfs, manants, casés ou colons.

Cependant des chartes du xie siècle attestent encore l'existence partielle de la servitude personnelle.

Cette servitude se changea, avons-nous dit, en servage lorsque le maître attacha l'esclave à la culture de la terre. Le temps, en consacrant cette destination, la rendit définitive et le maître lui-même ne put la révoquer. Le serf suivait le sort de la terre, mais s'il était lié à elle, il en était protégé. Sa condition acquit une fixité que ne pouvait pas lui garantir la servitude personnelle et domestique.

Il y avait une différence de condition entre les serfs des ecclésiastiques et ceux des seigneurs séculiers. Ces derniers n'observaient ni règle ni mesure dans leurs exactions. Les ecclésiastiques, au contraire, animés de sentiments plus humains, n'exigeaient de leurs serfs que les redevances annuelles et respectaient leur pécule. Leur condition se rapprochait ainsi de celle des colons soumis à des redevances fixes. Le temps et l'économie aidant, ils purent devenir propriétaires. Nous avons la preuve de ce fait important dans une charte qui date de la fin du xie siècle, où il est dit qu'un serf de Saint-Vincent de Mâcon avait vendu à d'autres serfs de la même église une terre située à l'entrée du pont de Mâcon et sur laquelle ces derniers avaient construit un four. La conséquence naturelle de ce droit de propriété, c'est qu'en 1077, leurs enfants avaient déjà cessé d'être serfs et disposaient du pont en faveur de Saint-Vincent.

C'est ainsi que, de degré en degré, une partie considérable des deux classes inférieures de la société éleva sa position sociale au niveau commun de la généralité des habitants. Le serf et le colon sont devenus vilains (habitants de village).

Dans la partie de son travail qui traite de la propriété foncière, M. Chavot nous apprend que l'on nommait *mansus*, *manse* une exploitation agricole composée de divers fonds situés dans la même localité, mais ne formant pas tènement, et *curtilus*, *curtil*, une habitation avec son enclos situés dans l'enceinte du village ou près d'autres habitations. Le nom de *curtil* a été conservé jusqu'à nos jours à ces sortes de propriétés.

L'*hospice*, *hospitium*, était un diminutif du *manse*.

On appelait *condamina* la terre arable, parce qu'elle

avait été probablement affranchie à son origine de toute prestation agraire.

Le *campus*, malgré sa signification générale, désignait plus spécialement un fonds cultivé comme terre.

L'*exartum* (essard) indiquait un fonds cultivé provenant d'un récent défrichement.

Les mots *exii* et *regressi* désignaient les fruits ou revenus de la propriété.

On appelait complants des terrains concédés sous la condition que le concessionnaire y élèverait, dans le délai de cinq ou six ans, une vigne qui serait ensuite partagée par moitié entre lui et le cédant.

L'église Saint-Vincent de Mâcon possédait des terrains favorables à la culture de la vigne, et, soit qu'ils fussent incultes, soit que l'on espérât obtenir un produit plus avantageux, ses recteurs prirent parfois le parti de les concéder sous condition que le concessionnaire y élèverait, dans le délai de cinq ou six ans, une vigne qui serait ensuite partagée par moitié. Ce fait est attesté par des chartes des premières années du XIe siècle. *Vobis (Adalberto et Ildegardæ) dono campum ut, ad quinque annos, vinea ædificata sit, et post quinque annos, rectores Sancti-Vincentii medietatem habeant, aliam medietatem Adalbertus et Ildegarda possideant.*

ANCIENNES MESURES DU MACONNAIS.

La principale mesure agraire était la perche ; cette mesure paraît avoir varié suivant les temps et suivant les lieux ; elle a eu six puis sept pieds près de Viré et de Charbonnières ; huit pieds à Clessé et dix-huit pieds à Saint-Clément.

Indépendamment de la perche, il y avait aussi la dextre,

mesure usitée dans le Midi, et qui n'était probablement que notre perche de 10 pieds.

La panse, mesure agraire encore usitée, indiquait l'étendue qu'une charrue attelée de deux bœufs pouvait labourer en un jour.

L'andain, c'est-à-dire l'espace qu'une faux mise en mouvement par un faucheur prend en largeur sur l'étendue variable des champs, était une mesure spéciale aux prés.

La seitérée, mesure usitée sur la rive gauche de la Saône et sur les deux rives de la petite Grosne, représentait, comme étendue, l'espace qu'on pouvait ensemencer avec un sextier de blé.

La madiata (muyée, meyteréc) représentait aussi dans la contrée la partie que l'on pouvait ensemencer avec un muid de blé.

La rase était une mesure spéciale aux vignes à Viré; la rase représentait une perche et demie, mais elle variait d'étendue suivant les localités.

La camera était, on le suppose, le quartier, c'est-à-dire le carré, la partie comprise entre de grandes allées.

Le muid et le sétier étaient des mesures communes aux solides et aux liquides.

Le bichet et le quartaut étaient plus spécialement employés pour mesurer les grains, et la mine pour mesurer les liquides.

Le sétier contenait six bichets; le bichet, deux quartauts.

Le muid de blé contenait, suivant l'état des redevances du doyenné de Montbertaud, neuf sétiers.

Pour le vin, la mine était de la moitié du sétier.

Le sétier et le muid étaient de la même capacité que le muid de vin.

Dans la basse Bourgogne, le muid est encore une mesure usitée; sa capacité est de 2 hectolitres 60 litres.

De même qu'il y a encore l'ânée de blé, c'est-à-dire la quantité que peut porter un âne de force moyenne, il y avait le *provendarius*, provendier ; deux de froment et trois de seigle suffisaient à la nourriture d'une personne pendant un mois. L'ânée de Mâcon représentait 283 litres 353 centilitres.

La pinte (*pinticia*) était une mesure de capacité dont la dimension peut être comparée à notre litre. C'était la mesure journalière de vin fournie à chaque moine.

L'état dressé par Henri de Vinchester nous donne, au xie siècle, les comparaisons suivantes pour certaines mesures locales :

50 bichets, à Laizé, valaient 120 bichets à la mesure de Tournus ; le sétier de blé de Cluny produisait 240 livres de pain et valait deux bichets et demi de Tournus.

Trois sétiers de vin (mesure de Cluny) valaient quatre sétiers à la mesure de Tournus.

Au xe siècle, un muid de vin nouveau est estimé 12 deniers ; en 991, un cheval 50 sols ; un bon est estimé 100 sols ; deux bons bœufs 30 sols ; une mule 10 livres ; un porc 3 sols.

Achard partant pour l'Espagne délaissa aux chanoines son bénéfice, à la charge par eux de payer à sa mère infirme une pension destinée à sa nourriture et à son entretien, dont il indiqua la nature et la qualité. Ils devaient notamment lui donner à la Saint-Martin 6 sous, dont 5 devaient être employés en achat de vêtements et le 6e en achat de bois.

Au xiie siècle, un cheval ordinaire est estimé 20 sous ; une selle 6 sols ; la corvée d'un faucheur 2 deniers.

Une vigne, à Viré, longue de 16 perches et large de 5 pas, dans les premières années du xie siècle, vendue 18 sols. Dans le même siècle, une vigne, à Vinzelles, longue de 18 perches 3 pieds et large de 4 perches 2 pieds, est vendue 5 sous. Un champ situé dans le village de Mauhy, long de 36 perches et large de 5 perches 4 pieds, est vendu 2 sous.

Dans sa table de comparaison des anciennes mesures usitées dans le département de Saône-et-Loire avec les mesures métriques, ouvrage publié à Mâcon, en 1829, l'auteur, M. Calmels, géomètre en chef du cadastre, membre de l'Académie de Mâcon, nous dit ceci :

Les mesures agraires usitées dans notre département se rapportent à cinq mesures linéaires, savoir :

1° Le pas de 2 pieds 6 pouces ;

2° La toise de 6 pieds ;

3° La perche de 22 pieds ;

4° La toise de Bourgogne de 7 pieds 6 pouces ;

5° La perche de Bourgogne de 9 pieds 6 pouces.

La coupée de Mâcon est composée de 600 pas carrés de 2 pieds 6 pouces de longueur ou 3,750 pieds carrés ; elle vaut 3 ares 957,024,618. L'hectare vaut 25 coupées 27,151,323 et l'are 0 coupée 2,627,151,323, ou environ un quart de coupée.

Les anciennes mesures de capacité pour les grains présentaient dans le département une telle variété qu'elles différaient dans presque tous les cantons, et le lieu de chaque marché en avait une particulière. La valeur absolue de chacune de ces mesures était connue par la pesanteur de son contenu en froment. La qualité des grains faisant varier cette pesanteur d'un lieu à un autre, d'une année à une autre, leur type était tout à fait incertain.

La capacité du tonneau de Mâcon n'a jamais reposé sur une base fixe, ou, du moins, on manque de données pour évaluer exactement son rapport avec le litre. En effet, on assure qu'on a toujours considéré la pièce mâconnaise comme composée de 28 veltes du Midi ou 220 pintes de Paris, et une velte équivaut à 7 litres 45056, et une pinte à 0 litre 93,132 ; la capacité du tonneau se trouve, dans le premier cas, de 208 litres 61, et, dans le second, de 204 litres 89.

Le tonneau, jauge de Bourgogne, réputé contenir 240 pintes, équivaut à 223 litres 52.

USAGES LOCAUX.

Après avoir parlé, trop longuement peut-être, des coutumes et des mœurs des anciens temps, disons maintenant quels sont les usages ruraux encore en vigueur aujourd'hui dans notre arrondissement.

Deux circulaires ministérielles, qu'il me paraît intéressant de reproduire ici textuellement, contiennent ce qui suit.

La première, du 26 juillet 1844, émane du ministère de l'intérieur.

Paris, le 26 juillet 1844.

Monsieur le Préfet,

Plusieurs conseils généraux de départements ont, dans leurs sessions des années dernières, exprimé le vœu que l'on s'occupât de constater et de recueillir, dans l'intérêt des services de l'administration et des tribunaux, les usages locaux auxquels se réfèrent diverses dispositions législatives.

La loi, en effet, donne à l'usage force de loi dans un assez grand nombre de cas. Ainsi le Code civil a disposé que l'usufruit des bois (articles 590, 593), l'usage des eaux courantes (art. 644, 645), la hauteur des clôtures dans les villes et faubourgs (art. 663), les distances à garder entre les héritages pour les plantations d'arbres de haute tige (art. 671), les constructions susceptibles, par leur nature, de nuire au voisin (art. 674), les délais à observer pour les congés des locations et les payements des sous-locataires (art. 1736, 1738, 1753, 1758, 1759), les réparations locatives ou de menu entretien (art. 1754, 1755), les obligations des fermiers entrants et sortants (art. 1777) auraient généralement pour règle l'usage des lieux, les règlements particuliers, les coutumes ; de même, la loi du 28 septembre-6 octobre 1791, qui régit la police rurale, renvoie pour ce qui concerne le glanage, la vaine pâture, le parcours, *à l'usage local immémorial* et aux coutumes ; de même encore, la loi du 14 floréal an XI subordonne aux anciens règlements et aux usages locaux la direction des travaux qui ont pour objet le curage des canaux et des rivières non navigables et l'entretien des ouvrages d'art qui y correspondent.

L'énumération de ces cas principaux suffit pour que l'on comprenne de quelle utilité serait, dans *chaque département*, un recueil des usages formé avec soin et revu par toutes les personnes de la localité les mieux instruites et les plus compétentes. On ne saurait sans doute l'imposer comme loi ; mais les autorités, aussi bien que les particuliers, y puiseraient journellement des renseignements indispensables et, par degrés, on parviendrait à rectifier et même à fixer, d'une manière presque authentique, des usages parfois contradictoires et trop souvent mal connus ; au moins ces documents seraient d'une grande *importance pour l'élaboration d'un code rural* demandé par le plus grand nombre des conseils généraux de départements.

Il existe quelques exemples de travaux de ce genre. La Société libre d'agriculture de l'Eure, après une sorte d'enquête qu'elle a ouverte dans son sein, a publié un résumé des usages ruraux pour les cinq arrondissements du département.

Un travail semblable a été fait vers le même temps, dans le département d'Eure-et-Loire, mais il n'embrasse que plusieurs cantons.

Enfin M. Amédée Clausade, membre du conseil général du Tarn, a recueilli, sous les auspices et grâce à l'appui de M. le Procureur général près la cour royale de Toulouse, les usages locaux de diverses natures qui sont en vigueur dans le département du Tarn.

Je vous invite, Monsieur le Préfet, à soumettre au Conseil général cette question et à le prier d'examiner s'il y a lieu de former un recueil des usages locaux dans le département, quelle sera la marche à suivre pour en assurer la bonne exécution et quels encouragements pourront y être consacrés.

Recevez, etc.

Le Ministre Secrétaire d'Etat au département de l'intérieur,

Signé T. DUCHATEL.

La seconde, du 15 février 1855, émane du ministère de l'agriculture et du commerce :

MONSIEUR LE PRÉFET,

Le 5 juillet 1850, le ministre qui dirigeait alors le département de l'agriculture et du commerce invita les préfets des départements à lui faire connaître si, conformément aux prescriptions d'une circulaire du ministre de l'intérieur, en date du 26 juillet 1844, les usages locaux avaient été recueillis dans les localités placées sous leur administration.

Dans le cas où ce travail aurait été fait, il les engageait à lui transmettre une copie ou un exemplaire de ce qui aurait été produit ou publié relativement à cet objet.

Quelques-uns de MM. les Préfets ont adressé à l'administration centrale, en exécution de cette invitation, des copies ou exemplaires des travaux exécutés ou des publications faites. Toutefois ces envois ne concernent qu'un petit nombre de départements, et j'ai pensé qu'il serait utile de compléter cette grande enquête, qui peut donner au Gouvernement des indications précieuses sur les besoins de l'industrie agricole.

En conséquence, je vous serai obligé de vouloir bien prendre toutes les dispositions nécessaires pour faire constater et recueillir, dans votre département, tous les usages locaux, c'est-à-dire ceux qui ne sont pas le résultat évident et direct d'un article de la loi et auxquels les applications qui en sont faites dans quelques localités ou dans la plupart d'entre elles donnent un véritable caractère de généralité.

Dans ce but, vous désignerez dans chaque canton une commission présidée par le juge de paix et composée du membre de la Chambre d'agriculture, du membre du Conseil général et de deux ou trois autres membres choisis parmi les officiers ministériels exerçant dans la localité et les cultivateurs les plus instruits.

Cette commission fera son travail qui sera vérifié par une commission centrale établie par votre préfecture, et dans laquelle vous ferez entrer les membres des cours ou tribunaux du chef-lieu, ainsi que plusieurs jurisconsultes les plus renommés.

Je vais m'entendre, du reste, avec mon collègue M. le Garde des sceaux, afin qu'il adresse aux fonctionnaires qui relèvent de son département, les instructions nécessaires pour l'exécution des présentes dispositions.

Vous aurez le soin de me transmettre, dès que vous le pourrez, le résultat des travaux accomplis, mais vous voudrez bien, dès actuellement, m'accuser réception de la présente circulaire et me faire connaître l'ensemble des mesures que vous aurez adoptées pour en assurer l'exécution.

Recevez, monsieur le Préfet, etc.

Instituées dans notre département, par arrêté préfectoral du 3 mai 1855, les commissions cantonales devaient répondre spécialement aux questions suivantes :

Quels sont les usages observés en ce qui concerne :

1° L'usufruit des bois,

2° Les eaux courantes,

3° La clôture dans les villes et faubourgs,

4° La distance à garder entre les héritages pour la plantation des arbres,

5° La distance des ouvrages intermédiaires requis pour certaines constructions,

6° La distance à observer entre les héritages riverains pour l'ouverture des fossés,

7° Les délais observés pour les congés,

8° Le denier à Dieu,

9° La durée des baux d'après l'usage,

10° Les réparations locatives,

11° Les obligations du fermier entrant et du fermier sortant,

12° Le parcours et la vaine pâture,

13° Le ban de vendange,

14° Le glanage,

15° Les jachères,

16° Les semences de printemps dans les blés,

17° Le barrage d'ouvrage et d'industrie?

A ces différentes questions, les procès-verbaux dressés au sein des commissions cantonales contiennent les réponses suivantes.

1° L'USUFRUIT DES BOIS.

MÂCON (CANTON NORD).

ART. 590. — *Si l'usufruit comprend des bois taillis, l'usufruitier est tenu d'observer l'ordre et la quotité des coupes, conformément à l'aménagement ou à l'usage constant des propriétaires ; sans indemnité toutefois en faveur de l'usufruitier ou de ses héritiers, pour les coupes ordinaires, soit de taillis, soit de baliveaux, soit de futaie, qu'il n'aurait pas faites pendant sa jouissance. — Les arbres qu'on peut tirer d'une pépinière sans la dégrader ne font aussi partie de l'usufruit qu'à la charge par l'usufruitier de se conformer aux usages des lieux pour le remplacement.*

ART. 593. — *Il peut prendre dans les bois des échalas pour les vignes ; il peut aussi prendre sur les arbres des produits annuels ou périodiques ; le tout suivant l'usage du pays ou la coutume des propriétaires.*

Les articles 592 et 593 du Code civil reproduits ci-dessus se réfèrent aux usages soit des propriétaires, soit de la localité, pour régler les droits de l'usufruitier :

Sur les bois taillis ;

Sur les pépinières ;

Sur la prise d'échalas dans les bois ;

Sur le produit annuel ou périodique des arbres.

BOIS TAILLIS.
(Art. 590, § 1er.)

Ce paragraphe ne se réfère pas à un usage général ou local, mais à l'aménagement particulier et constant du propriétaire. Or, dans le canton, il est constant que l'usufruitier doit, pour la coupe des taillis, suivre l'aménagement, quel qu'il soit, du précédent propriétaire et qu'il ne pourrait y déroger.

PÉPINIÈRES.
(Art. 590, § 2.)

Ce paragraphe se réfère à un usage local. Il est constant, dans notre canton, que celui qui possède une pépinière à titre d'usufruit doit entretenir la pépinière et pourvoir au remplacement des arbres qu'il en a tirés.

PRISE D'ÉCHALAS DANS LES BOIS.
(Art. 593, § 3.)

Il n'est pas d'usage, parmi les propriétaires du canton, de prendre dans leurs bois ni échalas pour leurs vignes ni piquets pour leurs hautains ; seulement, à l'époque de l'exploitation de la coupe, ils emploient quelquefois une partie de ce bois à cette destination. Dès lors l'usufruitier n'a pas le droit de prendre des échalas dans un bois debout. Il ne pourrait le faire dans le bois abattu que dans le cas où comme usufruitier la coupe lui appartiendrait.

PRODUIT PÉRIODIQUE DES ARBRES.
(Art. 593, § 2.)

Les droits de l'usufruitier sont réglés par les précédents du propriétaire, quant aux arbres soumis à la tonte et quant à la périodicité des tontes. Ainsi il ne pourrait étêter les arbres. Mais il peut disposer de la tonte des saules, soit pour faire des échalas, soit autrement, pourvu qu'il n'ait pas devancé la périodicité.

CANTON SUD DE MACON.

Il n'y a en quelque sorte point de bois dans le canton, partant point d'usage des propriétaires.

Il en est de même quant aux pépinières qui ne font que de commencer à s'y établir et encore en très petit nombre.

CANTON DE CLUNY.

L'usage dans le canton est de couper une portion des bois taillis à l'âge de 5 ou 6 ans, et une autre à l'âge de 14, 15 et même 20 ans. Le bois de 5 ans est employé à la cuisson des poteries de terre qui se fabriquent dans le pays ; celui de 15 ans est vendu aux boulangers.

L'usufruitier est dans l'usage de prendre dans les bois, dans les haies vives et sur les pieds d'arbre ébranchés des brins propres à faire des échalas, lorsque les pousses ont atteint l'âge de 4 à 5 ans.

CANTON DE LA CHAPELLE-DE-GUINCHAY.

Il n'y a pas de bois dans le canton.

CANTON DE LUGNY.

Le canton, en ce qui concerne la coupe des bois taillis, peut se diviser en trois zones principales : dans celle de l'est, on les coupe à 10 ans, dans celle du centre de 12 à 15 ans, et dans celle de l'ouest de 15 à 20 ans.

Il n'est d'usage nulle part de prendre des échalas pour les vignes.

Il n'existe pas de hautes futaies en coupes réglées.

Les haies se tondent à 4 ans dans tout le canton ; quant

aux arbres à tête ou tronches, saules, ormes, chênes, frênes, peupliers à tête, etc., ils sont tondus à 4 ans dans la partie est du canton et ailleurs à 5 ans.

La tonte des arbres à haute tige se fait généralement à 8 ans.

CANTON DE MATOUR.

On coupe tous les 7 ans les bois plantés dans les terrains de qualité inférieure;

Au bout de 12 ans ceux plantés dans les autres terrains, à l'exception des bois essence de chêne qui ne se coupent qu'à 15 ans quand on peut faire de l'écorce pour le tan.

Il est d'usage d'ébrancher les arbres autres que les arbres à fruit tous les 4 ans.

CANTON DE SAINT-GENGOUX.

Il n'y a pas d'usages à cet égard dans le canton. Les bois taillis, baliveaux ou futaies se coupent d'une manière très irrégulière, à différents âges.

CANTON DE TOURNUS.

La coupe des bois taillis a lieu suivant l'usage constant des propriétaires et conformément à l'aménagement, savoir :

1° Dans la commune de Romenay (Bresse), pour les bois essence de chêne, à 8 ans; pour les bois dits bois blancs, à 7 ans; pour les vernes, à 6 ans; on laisse 90 baliveaux par hectare, que l'on coupe, savoir : les chênes, de 21 à 24 ans; les bois blancs à 21 ans et les vernes à 18 ans;

2° Dans les communes de Ratenelle, La Truchère, Préty et La Crot, situées sur la rive gauche de la Saône, les bois taillis se coupent, savoir : les chênes à 8 ou 10 ans; les bois blancs et les vernes de 7 à 8 ans. On laisse environ 50 baliveaux par hectare; on les coupe, savoir : les chênes de 24 à 30 ans; les bois blancs et les vernes de 21 à 24 ans;

3° Dans les communes dites de la montagne, où il y a peu de bois blancs, les taillis essence de chêne se coupent de 10 à 15 ans; on laisse, par hectare, 44 baliveaux qui se coupent à 36 ans.

L'usufruitier prend dans les bois des échalas pour les vignes dont il a la jouissance; il prend aussi sur les arbres des produits annuels ou périodiques, comme les branches des saules, dont la tonte se fait tous les trois ans.

CANTON DE TRAMAYES.

A défaut d'aménagement des bois, la coupe s'en fait tous les 8 ou 10 ans.

La tonte des saules et l'ébranchage des arbres, tels que peupliers, vernes, ormes et chênes tronchés, se faisant tous les quatre ans, l'usufruitier ne prend les produits qu'à l'époque où la tonte et l'ébranchage ont lieu.

COURS D'EAU.
(Art. 644 et 645 du Code civil.)

ART. 644. — *Celui dont la propriété borde une eau courante autre que celle qui est déclarée dépendance du domaine public par l'article 538, au titre de la distinction des biens, peut s'en servir à son passage pour l'irrigation de ses propriétés. — Celui dont cette eau traverse l'héritage peut même en user dans l'intervalle qu'elle y parcourt, mais à la charge de la rendre, à la sortie de ses fonds, à son cours ordinaire.*

ART. 645. — *S'il s'élève une contestation entre les propriétaires auxquels ces eaux peuvent être utiles, les tribunaux, en prononçant, doivent concilier l'intérêt de l'agriculture avec le respect dû à la propriété; et, dans tous les cas, les règlements particuliers et locaux sur le cours et l'usage des eaux doivent être observés.*

CANTON NORD DE MACON.

Il n'existe pas dans le canton d'usages locaux réglant le cours et l'usage des eaux. Les tribunaux civils statuent sur les difficultés qui s'élèvent à ce sujet entre particuliers en suivant ou les conventions des parties ou un règlement admi- nistratif particulier au cours d'eau dont s'agit, ou bien, à défaut de ces précédents, en appliquant les dispositions formelles des lois générales.

CANTON SUD DE MACON.

Il n'existe pas de règlements particuliers et locaux, dans le canton, sur le cours et l'usage des eaux. On y suit le code ou les titres et la possession des parties.

CANTON DE CLUNY.

Aucun usage contraire aux dispositions de l'article 645 du Code civil n'est établi dans le canton. Beaucoup d'abus se commettent, mais ils ne donnent lieu à aucun droit et ne peuvent pas servir à établir un usage.

CANTON DE LUGNY.

Il n'y a pas d'usages constants et reconnus relativement aux cours d'eau ; chacun se conforme à cet égard aux dispo- sitions de la loi.

CANTON DE LA CHAPELLE DE-GUINCHAY.

Même constatation.

CANTON DE MATOUR.

Lorsque le cours d'eau se trouve bordé par deux proprié- taires différents, il est d'usage de diviser les eaux propor- tionnellement à l'étendue des deux propriétés riveraines.

SAINT-GENGOUX.

On suit les prescriptions du Code ; il n'existe pas d'usage local pour les francs bords des écluses des usines. Toutes les fois que des contestations de ce genre se sont élevées, elles ont été résolues par les tribunaux d'après les titres des parties, leur possession et les prescriptions du Code.

TOURNUS.

Il n'existe pas dans le canton des règlements particuliers et locaux sur le cours et l'usage des eaux ; on suit à ce sujet les lois sur la matière.

TRAMAYES.

Le procès-verbal dressé par la commission cantonale ne contient pas de réponse à cette question.

CLOTURES DANS LES VILLES ET FAUBOURGS.
(Art. 663 du Code civil.)

ART. 663. — *Chacun peut contraindre son voisin, dans les villes et faubourgs, à contribuer aux constructions et réparations de la clôture faisant séparation de leurs maisons, cours et jardins assis èsdites villes et faubourgs : la hauteur de la clôture sera fixée suivant les règlements particuliers ou les usages constants et reconnus ; et, à défaut d'usage et de règlement, tout mur de séparation entre voisins, qui sera construit ou rétabli à l'avenir, doit avoir au moins trente-deux décimètres (dix pieds) de hauteur, compris le chaperon, dans les villes de cinquante mille âmes et au dessus, et vingt-six décimètres (huit pieds) dans les autres.*

MACON NORD.

Les usages qui pouvaient exister dans le canton au sujet de l'obligation et de la hauteur des clôtures entre propriétés voisines sont tombées en désuétude, et depuis la publication du Code civil, on s'en réfère, pour la hauteur, aux dispositions de l'art. 663.

MACON SUD.

La hauteur des clôtures dans les villes et faubourgs est généralement de 26 décimètres (8 pieds).

CLUNY.

Il n'existe dans la localité aucun usage contraire aux prescriptions de l'article 663 du Code civil.

LUGNY.

On ne constate l'existence d'aucun usage à cet égard.

LA CHAPELLE-DE-GUINCHAY.

Il est d'usage de ne pas élever les murs de clôture au dessus de 2 m 50.

MATOUR.

Pas d'usage constaté.

SAINT-GENGOUX.

On se conforme aux prescriptions de l'art. 663.

TOURNUS.

Il en est de même dans le canton de Tournus.

TRAMAYES.

Aucun usage n'est constaté à cet égard.

ARBRES DE HAUTE TIGE. — HAIES VIVES. — VIGNES ET HAUTAINS.

DISTANCE A OBSERVER DANS LA PLANTATION; HAUTEUR DES HAIES VIVES

(Art. 671 du Code civil.)

ART. 671. — *Il n'est permis de planter des arbres de haute tige qu'à la distance prescrite par les règlements particuliers actuellement existants, ou par les usages constants et reconnus, et, à défaut de règlements et usages, qu'à la distance de deux mètres de la ligne séparative des deux héritages pour les arbres à haute tige, et à la distance d'un demi-mètre pour les autres arbres et haies vives.*

MACON NORD.

La distance que le propriétaire doit observer, vis-à-vis de son voisin, dans la plantation soit des arbres à haute tige, soit des haies vives, est également aujourd'hui, dans le canton, celle réglée par la dernière disposition de l'art. 671.

On suit la même règle pour la plantation des vignes basses et des hautains, c'est-à-dire que, pour les unes et pour les autres, la distance à observer est de 50 centimètres.

La hauteur de la haie vive ne doit pas dépasser 1 ᵐ 50.

MACON SUD.

Il ne paraît pas qu'il y eut dans le canton, à l'époque de la promulgation du Code civil (1804), ni règlements particuliers ni usages constants et reconnus.

On rencontre encore quelquefois des arbres ayant plus de 50 ans plantés à moins de deux mètres de la ligne séparative des deux héritages; on en voit qui sont à deux mètres et même à une plus grande distance, ce qui prouve qu'il n'y avait pas d'uniformité, et c'est d'autant moins surprenant qu'on voit que les auteurs variaient eux-mêmes

(Desgodet et son annotateur Goupy, sur l'art. 210 de la coutume de Paris, n° 21). Aussi suivons-nous le Code dans les plantations nouvelles.

Mais comme l'art. 671, tout en distinguant les arbres à haute tige de ceux à basse tige, n'en donne pas de classification, on est parfois assez embarrassé pour décider dans quelle catégorie il faut ranger tel arbre ou tel autre.

Les vignes basses se plantent à 50 centimètres de l'héritage du voisin, et si le voisin en plante lui-même de son côté, il doit laisser à son tour un demi-mètre d'intervalle.

Les vignes hautes dites hautains sont assimilées aux haies et l'on observe la même distance en les plantant, c'est-à-dire un demi-mètre avec cette circonstance que, si on y enlace des arbres, ce sont des arbres à basse tige.

CLUNY.

L'article 671 est généralement appliqué.

LUGNY.

Les arbres à haute tige sont généralement plantés à la distance légale. Il existe cependant une exception pour les saules qui, dans quelques communes, sont considérés comme arbres à haute tige, et, dans d'autres, comme les haies vives ordinaires, lesquelles sont toujours plantées à 50 centimètres.

LA CHAPELLE-DE-GUINCHAY.

On observe en général, aujourd'hui, les distances prescrites par l'art. 671, pour la plantation des arbres à haute tige. Mais, au grand préjudice de l'agriculture, les propriétaires restent libres d'étêter les arbres de toute essence plantés dans les buissons à une hauteur variant de deux à quatre mètres.

MATOUR.

Les distances observées, pour la plantation des arbres à haute tige, est de deux mètres, et pour la plantation des haies vives et des arbres à basse tige de 50 centimètres.

Les haies vives doivent être réduites tous les quatre ans à 1 ^{m} 33 de hauteur.

SAINT-GENGOUX.

On se conforme généralement à l'art. 671.

On plante des haies vives avec toute espèce d'essences de bois, même de celles qui peuvent donner des arbres à haute tige.

On peut contraindre le propriétaire d'une haie mitoyenne ou voisine d'un autre fonds à la tondre tous les trois ans, du 15 septembre au 15 avril.

Les vignes se plantent à 50 centimètres de la ligne séparative.

TOURNUS.

On suit, pour les plantations des arbres et des haies vives, les dispositions de l'art. 671.

La haie sèche se plante sur la ligne séparative des héritages sans observer aucune distance.

L'usage veut que la tonte des haies vives ait lieu tous les trois ans et que la hauteur de la haie vive n'ait pas plus d'un mètre. Par exception, dans la commune de Romenay, la tonte des haies n'est exigée que tous les quatre ans; dans les quatorze communes du canton, le voisin peut exiger, tous les ans, l'élagage du côté de son héritage.

TRAMAYES.

On ne constate l'existence d'aucun usage contraire à la loi en ce qui concerne les plantations.

La hauteur des haies est d'un mètre et la tonte s'en fait tous les quatre ans.

DE LA DISTANCE ET DES OUVRAGES INTERMÉDIAIRES REQUIS POUR CERTAINES CONSTRUCTIONS.

(Art. 674 du Code civil.)

ART. 674. — *Celui qui fait creuser un puits ou une fosse d'aisance près d'un mur mitoyen ou non; — Celui qui veut y construire cheminée ou âtre, forge, four ou fourneau; — Y adosser une étable, — Ou établir contre ce mur un magasin de sel ou amas de matières corrosives, — Est obligé à laisser la distance prescrite par les règlements et usages particuliers sur cet objet, ou à faire les ouvrages prescrits par les mêmes règlements et usages, pour éviter de nuire au voisin.*

MACON NORD.

Il n'est pas d'usage, dans le canton, d'observer de distance pour ce qui est de l'épaisseur des contre-murs destinés à protéger la propriété voisine de matières corrosives; les travaux à exécuter sont réglés par expert, suivant la nature des lieux et suivant l'objet des travaux.

MACON SUD.

L'ancien bailliage de Mâcon ressortissait au Parlement de Paris, et quoique le Mâconnais fut pays de droit écrit, on y observait assez ordinairement la coutume de Paris en tant qu'elle n'était pas contraire au droit écrit. Il paraît qu'on se conformait généralement aux articles 188 à 192, inclusivement, de cette coutume.

CONSTRUCTIONS SUSCEPTIBLES DE NUIRE AU VOISIN. — TOITS EN SAILLIE. — VOISINAGE.

La forme des constructions est telle qu'il n'est pas rare, à la campagne, de voir le toit des bâtiments présenter une saillie inclinée du côté de l'héritage du voisin (ce qu'on appelle vulgairement, dans le pays, un forget).

On présume de plein droit que le voisin n'aurait pas laissé pratiquer cette saillie si elle avait été faite au dessus de son terrain, et, par conséquent, que le constructeur a bâti son mur en retraite, qu'il a ménagé la saillie pour l'écoulement des eaux du toit sur son propre fonds, et qu'ainsi il est propriétaire du terrain par delà son mur jusqu'à la ligne où tombent les eaux du toit, sauf au voisin à établir que cette saillie n'a été prise qu'à titre de servitude et qu'il a conservé la propriété du terrain entre le mur et la chute de l'égout.

CLUNY.

En cas de plainte d'un voisin, l'usage est qu'on s'en rapporte à des experts qui prennent pour règle la coutume de Paris.

LA CHAPELLE-DE-GUINCHAY.

Il n'existe pas d'usage particulier fixant la distance à observer pour éviter de nuire au voisin ; mais il est d'usage de faire des murs en béton ou en pierre de 25 à 30 centimètres d'épaisseur.

LUGNY.

Selon l'usage, les fours doivent être construits de manière à laisser entre eux et la propriété voisine ce qu'on appelle communément le tour du chat, c'est-à-dire un espace de 17 centimètres de largeur.

Il en est de même pour les forges et fourneaux.

Les âtres de cheminées sont ordinairement sans contre-mur, avec une plaque en fonte adossée au mur de construction, et quelquefois même incrustée dans le mur à une profondeur de 15 centimètres.

Les puits sont tous maçonnés en bons moellons jusqu'à une hauteur d'un mètre au dessus du sol ; on n'observe aucune distance à l'égard du voisin.

Il n'y a pas d'usages constants et reconnus soit pour la construction des étables, soit pour la distance à observer relativement aux dépôts de fumier ou d'engrais.

MATOUR.

En ce qui concerne la construction des fours, les maçons observent une distance de 33 centimètres, dite tour du chat. On ne connaît pas d'autre usage.

SAINT-GENGOUX.

On peut creuser un puits à un mètre du fonds voisin sans contre-mur.

Pour les fosses d'aisance, on exige seulement un contre-mur, bien façonné en bons matériaux, de 50 centimètres d'épaisseur.

Dans les constructions des fours on ne peut placer la voûte ou calotte du four de manière à ce que le parement intérieur soit formé par le mur mitoyen, ni l'enfoncer dans le mur.

On laisse un espace vide de 16 centimètres entre le mur mitoyen et la voûte du four.

Pour les forges, on laisse même espace vide jusqu'au dessus du foyer, ou bien on fait un contre-mur dans toute l'étendue du foyer, en hauteur et en largeur.

On n'est pas dans l'usage de faire des contre-murs dans les étables; c'est, évidemment, par tolérance; on pourrait et on devrait l'exiger.

On ne peut pas établir des amas de matières corrosives contre un mur mitoyen, sans contre-mur.

TOURNUS.

On est dans l'usage de faire un contre-mur de 33 centimètres d'épaisseur pour les puits et les fosses d'aisance, ainsi que pour les forges, fours et fourneaux.

Les cheminées se construisent en bonnes briques bien cuites qu'on pose à plat, mais on ne fait pas de contre-mur, cependant, quand les maisons se construisent en pans de bois, comme à Romenay, on fait un contre-mur en bonnes briques, de 16 à 17 centimètres d'épaisseur.

Pour les étables, on ne fait point de contre-mur, mais on donne la pente nécessaire pour éviter l'écoulement des urines du côté du mur mitoyen.

Pour les magasins de sel ou amas de matières corrosives, on ne fait pas de contre-murs. On pose seulement des planches contre le mur mitoyen auprès duquel on fait ces dépôts.

TRAMAYES.

Quand des constructions de la nature de celles indiquées dans l'art. 674 ont lieu, le constructeur bâtit ordinairement sur l'extrême limite de son terrain et sans faire aucune espèce de contre-mur, et si, ce qui n'arrive que très rarement, le voisin exige une distance ou un ouvrage préservatif, on suit, en ce cas, la coutume de Paris. Il nous paraît intéressant de reproduire ici les articles de cette coutume.

COUSTUMES DE LA PRÉVOSTÉ ET VICOMTÉ DE PARIS.

DES SERVITUDES ET RAPPORTS DE JURÉS.

Qui faict estable contre un mur moitoyen, il doit faire contre-mur de huit poulces d'espaisseur de hauteur iusques au rez de la mangeoire.

Qui veut faire cheminées et atres contre le mur moitoyen doit faire contre-mur de thuilots ou autre chose suffisante de demy pied d'espaisseur.

Qui veut faire forge, four et fourneau contre le mur moitoyen, doit laisser demy pied de vuide et intervalle entre deux du mur du four ou forge, et doit estre ledit mur d'un pied d'espaisseur.

*Qui veut faire aisances de privez ou puits contre un mur moitoyen,
il doit faire contre-mur d'un pied d'espaisseur. Et où il y a de
chacun costé puits, ou bien puits d'un costé et aisance de l'autre, suffit
qu'il y ait quatre pieds de maçonnerie d'espaisseur entre deux, comprenant les espaisseurs des murs d'une part et d'autre. Mais entre deux
puits suffisent trois pieds pour le moins.*

BAUX. — CONGÉS. — RÉPARATIONS LOCATIVES. — TACITE RECONDUCTION.

(Art. 1736, 1738, 1753, 1754, 1755, 1758 et 1759 du Code civil.)

Art. 1736. — *Si le bail a été fait sans écrit, l'une des parties ne
pourra donner congé à l'autre qu'en observant les délais fixés par
l'usage des lieux.*

Art. 1738. — *Si, à l'expiration des baux écrits, le preneur reste
et est laissé en possession, il s'opère un nouveau bail, dont l'effet est
réglé par l'article relatif aux locations faites sans écrit.*

Art. 1753. — *Le sous-locataire n'est tenu envers le propriétaire
que jusqu'à concurrence du prix de sa sous-location, dont il peut être
débiteur au moment de la saisie, et sans qu'il puisse opposer des
payements faits par anticipation. — Les payements faits par le sous-
locataire, soit en vertu d'une stipulation portée en son bail, soit en
conséquence de l'usage des lieux, ne sont pas réputés faits par anticipation.*

Art. 1754. — *Les réparations locatives ou de menu entretien dont
le locataire est tenu, s'il n'y a clause contraire, sont celles désignées
comme telles par l'usage des lieux, et, entre autres, les réparations à
faire : — Aux âtres, contre-cœurs, chambranles et tablettes des cheminées ; — Au recrépiment du bas des murailles des appartements et
autres lieux d'habitation, à la hauteur d'un mètre ; — Aux pavés et
carreaux des chambres, lorsqu'il y en a seulement quelques-uns de
cassés ; — Aux vitres, à moins qu'elles ne soient cassées par la grêle ou
autres accidents extraordinaires et de force majeure, dont le locataire
ne peut être tenu ; — Aux portes, croisées, planches de cloison ou de
fermeture de boutique, gonds, targettes et serrures.*

Art. 1755. — *Aucune des réparations réputées locatives n'est à la
charge des locataires quand elles ne sont occasionnées que par vétusté
ou force majeure.*

Art. 1758. — *Le bail d'un appartement meublé est censé fait à l'année quand il a été fait à tant par an; — Au mois, quand il a été fait à tant par mois; — Au jour, s'il a été fait à tant par jour. — Si rien ne constate que le bail soit fait à tant par an, par mois ou par jour, la location est faite censée suivant l'usage des lieux.*

Art. 1759. — *Si le locataire d'une maison ou d'un appartement continue sa jouissance après l'expiration du bail par écrit, sans opposition de la part du bailleur, il sera censé les occuper aux mêmes conditions, pour le terme fixé par l'usage des lieux, et ne pourra plus en sortir ni en être expulsé qu'après un congé donné suivant le délai fixé par l'usage des lieux.*

MACON NORD.

Baux à loyer. — Ou le bail a été fait sans écrit, ou le bail par écrit se continue par tacite reconduction; dans l'un et l'autre cas, soit le propriétaire qui veut obliger son locataire à quitter la maison, soit le locataire qui veut s'en aller, doivent signifier congé en observant l'usage local et les délais qu'il prescrit d'après les distinctions suivantes : « Si le bail comprend l'ensemble de la maison, le congé doit être signifié six mois au plus tard avant l'expiration de l'année courante; s'il comprend un magasin ou une boutique, le congé doit également être signifié six mois avant l'expiration de l'année courante.

Si le bail ne comprend qu'un appartement partiel composé soit de plusieurs pièces soit d'une seule, le délai de trois mois suffit pour la signification du congé.

Lorsqu'il s'agit d'une ou de plusieurs chambres garnies et que les parties ne sont pas d'accord sur la durée (convenue ou présumée) de la location, cette location est censée faite au mois, et lorsque le mois est expiré, si le locataire reste dans les lieux, il y a tacite reconduction pour le mois suivant, l'usage n'étant pas de donner congé pour les locations en garni.

Cette tacite reconduction a lieu au profit du locataire comme au profit du propriétaire, c'est-à-dire que, à l'expiration du premier mois, le propriétaire dispose des lieux s'il n'y a conventions contraires, par écrit, et le locataire y reste tous les mois suivants, s'il a été maintenu dans les lieux.

Durée des baux verbaux. — Si le bail verbal comprend l'ensemble d'une maison ou un appartement partiel composé d'une ou de plusieurs chambres, la durée du bail est d'un an.

La durée de la tacite reconduction à la suite d'un bail verbal ou d'un bail écrit, quelle que fût la durée stipulée dans ce dernier bail, est également d'un an.

Impôts des portes et fenêtres. — A moins de stipulations contraires, les impôts de cette nature sont payés par le propriétaire.

Epoques des payements. — Les payements se font par semestre, le 11 mai et le 11 novembre de chaque année. Aucun usage local n'autorise les payements par anticipation. Ces payements ne peuvent être que le résultat de conventions formelles entre le propriétaire et le locataire.

Réparations locatives. — On n'en reconnaît pas d'autres que celles énumérées dans l'art. 1754.

Baux des biens ruraux. — Le délai pour les congés est de six mois pour les grangers et fermiers ; il est de trois mois pour les vignerons.

Si le cultivateur a des terres et des vignes, il est considéré comme granger ou comme vigneron, suivant l'importance relative des deux cultures. Cette importance se détermine d'après la valeur relative et présumée des deux produits. Le délai du congé se règle en conséquence ; ces délais doivent être observés soit par le propriétaire, soit par le locataire.

Durée des baux verbaux. — Les baux des vignes et des prés durent un an.

Les baux des fonds ou propriétés divisés par assolement devant durer pendant tout le temps nécessaire au cultivateur pour qu'il recueille tous les fruits de la propriété, c'est par une période de deux ans que, dans notre localité, s'accomplit cette durée.

Terres provenant des vignes arrachées. — Ces terres n'ayant pas d'assolement et étant destinées à une nouvelle plantation plus ou moins prochaine, le vigneron doit, à sa sortie, les laisser libres.

MACON SUD.

Les congés, lorsqu'il y a lieu d'en donner, se signifient, savoir :

Six mois avant la sortie, aux fermiers, grangers ou métayers, colons partiaires ;

Trois mois avant la sortie, aux vignerons, et cela lors même qu'ils ont dans leur culture quelques parcelles de terres ou des fonds de vignes arrachées et que l'on cultive avant de les replanter.

Du reste, le cultivateur est réputé vigneron ou granger selon que son exploitation comprend plus de vignes ou plus de terres, et le congé se donne en conséquence.

Trois mois avant la sortie, aux locataires d'étages supérieurs ; six mois avant la sortie, aux locataires du rez-de-chaussée ; quinze jours d'avance pour les locataires au mois.

Quant aux payements faits avant l'échéance des termes, ils sont excessivement rares.

On les répute faits par anticipation et ils emportent presque de plein droit présomption de fraude.

Il y en a qui prétendent que l'usage est que le cultivateur logé chez son maître reçoive et donne toujours un congé, mais cet usage semble fort équivoque et il serait en tous cas très bizarre, car le cultivateur, lorsqu'il est logé dans les bâtiments du domaine, et bien qu'il paye une redevance en argent (connue dans le pays sous le nom de condition), est néanmoins placé dans les bâtiments bien plutôt comme cultivateur que comme un locataire ordinaire, et l'on ne saurait comprendre cette prétendue nécessité de lui donner congé pour l'habitation, toujours, c'est-à-dire dans le cas même où l'on en serait dispensé pour les fonds de la culture. La règle doit être une.

Commencement et fin des baux. — Les baux à l'année commencent généralement, savoir :

Ceux des maisons au 11 mai ou au 11 novembre.

Ceux des domaines ruraux au 11 novembre.

Ils finissent à des époques correspondantes.

Réparations locatives. — En dehors des réparations locatives que désigne nommément la loi ou qui sont une conséquence de cette désignation, il y en a d'autres qui sont déterminées par l'usage des lieux, auquel la loi renvoie, usage qui peut varier suivant les localités.

Il paraît qu'on regarde assez généralement dans le canton comme étant de droit commun ce qui se pratique dans les pays qui étaient soumis à la coutume de Paris. (Voir Curasson, commentaire de l'article 5 de la loi du 25 mai 1838.)

Impôt foncier, cultivateur à moitié fruits. — On ne répute l'impôt foncier charge des fruits que dans la limite des art. 608 et 635 du Code, c'est-à-dire dans les rapports de l'usufruitier ou de l'usager avec le nu-propriétaire.

Quant au cultivateur à moitié fruits, il n'est pas tenu de contribuer à l'impôt foncier, à moins d'une convention expresse.

A défaut de convention, la part de l'impôt qui pourrait le concerner est censée confondue dans la redevance qu'il a coutume de payer au maître sous le nom de condition.

Portes et fenêtres. — Le payement de la contribution des portes et fenêtres peut, indistinctement, être réclamé du propriétaire ou de l'usufruitier, des fermiers ou locataires principaux et des locataires particuliers. Mais, en définitive, c'est à ces derniers à supporter cet impôt; le propriétaire, l'usufruitier, le locataire principal en sont bien débiteurs solidaires à l'égard du Trésor, mais c'est sauf leur recours contre les locataires particuliers.

CLUNY.

Quand il s'agit d'une maison entière de magasin de vente en détail et même en gros, d'une ferme et autres objets d'une certaine importance dont le prix de location se paye à l'année, l'usage est de donner congé avant le 11 mai, et quand il s'agit d'un objet de moindre valeur, tel qu'une chambre isolée, quoique louée à l'année, une maison de vigneron, une grange, une écurie, un fenil ou une location d'une portion de terrain dont la récolte se fait dans l'année, l'usage est de donner congé avant le 11 août. Il existe cependant encore quelques localités où les congés se donnent aux vignerons au moment de tirer le vin de la cuve.

Il n'existe aucun usage pour le payement des sous-locations; chacun paye, d'après des conventions écrites ou verbales, à l'expiration du terme.

Réparations locatives. — On applique les dispositions des art. 1754 et 1755.

LA CHAPELLE-DE-GUINCHAY.

Les délais observés pour les congés sont, savoir :

Six mois avant le 11 novembre pour les fermiers ou grangers;

Six mois pour ceux qui cultivent tout à la fois des terres et des vignes ou plus de terres que de vignes;

Trois mois pour les vignerons et pour les cultivateurs qui ont plus de vignes que de terres ;

Trois mois pour les ouvriers journaliers ;

Six mois pour les commerçants et les artisans ayant boutique, le tout six mois avant le 11 novembre.

Dans les communes rurales, les locations sont généralement faites pour un an ; les propriétaires et les locataires se conforment à l'usage précité pour les congés à donner pour l'année suivante et cela selon les distinctions susétablies.

Il n'existe aucun usage dans le canton au sujet des payements faits par le sous-locataire, soit en vertu d'une stipulation contenue dans son bail, soit autrement.

En ce qui concerne les réparations locatives, on se conforme aux prescriptions des art. 1754 et 1755 du Code civil.

LUGNY.

Epoque des sorties, congés, payements. — Les sorties ont toujours lieu au 11 novembre.

Locations de maisons. — Les congés sont toujours donnés trois mois avant la sortie, et les payements ont lieu en vidant les lieux. Cependant, lorsque le local sert en même temps à l'habitation, au commerce ou à l'industrie, les congés doivent être donnés six mois d'avance.

Colons partiaires et fermiers. — Les congés sont donnés six mois avant la sortie et à l'expiration de chaque période de deux années, attendu que les assolements sont biennaux. Toutefois, les fermiers de prés seulement peuvent recevoir les congés tous les ans, dans les délais ci-dessus ; quant aux payements, lorsqu'il n'y a pas de conventions contraires, ils ont toujours lieu à la sortie, c'est-à-dire au 11 novembre.

Vignerons. — Ceux logés chez le propriétaire doivent donner ou recevoir congé trois mois avant la sortie.

Quant à ceux qui ne sont pas logés chez le propriétaire, ils peuvent donner ou recevoir congé au tirage des cuves, et ce verbalement et en présence de témoins.

Réparations locatives. — Elles se font conformément aux dispositions de l'art. 1754 du Code civil.

MATOUR.

Les congés ou dédites doivent être signifiés, savoir : pour les maisons, trois mois à l'avance, et pour les fermes formant corps de domaine, six mois à l'avance. Il n'y a pas de baux au jour et au mois, tous sont faits à l'année, ils commencent et ils finissent au 11 novembre.

La durée des baux des corps de domaine faits sans écrit est de deux ans.

Les payements à faire par les fermiers, les locataires et les sous-locataires doivent être effectués à l'expiration de chaque année de jouissance.

On considère comme réparations celles nominativement désignées dans l'art. 1754.

SAINT-GENGOUX.

A l'expiration du bail sans écrit, à défaut de congé, il s'opère une tacite reconduction, le bail continue.

Les sous-locataires ont l'habitude de fixer les époques de payement des loyers aux termes convenus entre le locataire principal et le propriétaire.

On ne loue pas au mois ni au jour ; on loue rarement des appartements meublés dans le canton.

On peut donner congé tous les ans aux locataires de maisons qui n'ont pas de bail écrit.

Pour les maisons de villes et bourgs, boutiques, magasins servant à l'exploitation d'une industrie quelconque, le congé doit être donné six mois avant le terme.

Pour les maisons rurales avec jardin, chenevière, un pré attenant et autres maisons, le congé doit être donné trois mois avant le terme, parce qu'il n'y a pas culture alternée bisannuelle.

Pour les vignerons, on leur donne congé, pour la culture des vignes, le jour où l'on tire la cuve.

Aux fermiers et métayers, le congé est donné six mois avant le terme annuel.

Les contributions des portes et fenêtres sont à la charge des locataires.

Pour les réparations locatives, on se conforme aux règles fixées par les art. 1754 et 1755.

TOURNUS.

Il est d'usage, dans toutes les communes du canton, de donner des congés pour les baux à loyer sans écrit; ces congés se donnent avant l'expiration, savoir : de six mois pour les hôtels, auberges, cabarets, maisons entières, corps de logis entier, boutiques dans les rues de commerce, pour les grandes caves et les grandes écuries, et de trois mois seulement pour les petites maisons dans les rues non principales, pour les petits logements, les petites écuries, les petites caves, et même pour les boutiques dans les rues non principales.

Quant aux chambres garnies louées au mois, il suffit d'un congé de quinze jours, et même on est dans l'usage de le donner verbalement.

Époques de payements. — Dans la commune de Tournus, les fermages de baux à ferme se payent en un seul terme le 11 novembre; quant aux locataires de baux à loyer, ils payent en deux termes fixés aux 11 mai et 11 novembre; quelques-uns, par exception, payent leurs deux termes de loyer le 24 juin et le 24 décembre.

Dans douze communes rurales du canton, il n'y a qu'un seul terme, le 11 novembre, pour le payement des fermages et des loyers. Mais à Romenay les fermages se payent moitié au 6 janvier et l'autre moitié à Pâques, de sorte que, pour la première année, le fermier ne paye son premier demi-terme que près de quatorze mois après son entrée en jouissance dans la ferme.

Réparations locatives. — On s'en réfère, en ce qui les concerne, à l'art. 1754, mais si on ne les exige pas dans les trois mois qui suivent l'expiration du bail, le fermier et le locataire peuvent opposer la prescription.

Le bail de meubles est censé fait pour la durée ordinaire des baux de maisons, selon l'usage des lieux.

Les baux de maisons se font sans écrit pour la durée d'une année; les baux écrits se font pour trois, six ou neuf années.

La loi du 4 frimaire an VII met l'impôt des portes et fenêtres à la charge des fermiers et des locataires; dans le canton de Tournus, ce sont les propriétaires qui le payent, et ils ne sont pas dans l'usage d'en faire la répétition aux fermiers et aux locataires.

Congés pour baux à ferme. — Dans toutes les communes du canton les terres labourables se divisent en deux soles; ainsi le bail fait sans écrit des terres est censé fait pour deux années; mais, contrairement à l'art. 1777 qui fait cesser ces baux sans écrit de plein droit, à l'expiration du temps pour lequel ils sont censés faits, on est dans l'usage de donner congé six mois avant l'expiration du bail. Cet usage a lieu pour les baux à ferme ou de métairie faits sans écrit, soit d'un domaine, soit d'une ou de plusieurs fermes ne faisant pas partie d'un corps de domaine.

Les baux sans écrit d'un ou de plusieurs prés qui ne font pas partie d'un corps de domaine sont censés faits pour une année seulement ; ils finissent de plein droit à l'expiration de l'année, sans qu'il soit nécessaire de donner aucun congé, parce que cette espèce de bail ressemble à une vente de récolte.

Les vignobles et les vignes ne s'afferment pas à prix d'argent ; on les remet pour une année, à moitié fruits, à des métayers qu'on nomme vignerons. Pour ces baux à moitié fruits, qui se font toujours sans écrit, on est dans l'usage de donner congé au moment du tirage des cuves. Cet usage a lieu sans distinguer s'il y a ou s'il n'y a pas de maison dans le vignoble et sans s'occuper de savoir si le vigneron paye ou ne paye pas de loyer au propriétaire pour son logement.

Le bail verbal est censé fait pour une seule année, même quand il y a dans le vignoble quelques parcelles de terre.

TRAMAYES.

Délais à observer pour les congés en cas de bail sans écrit. — Ces délais sont, savoir :

De six mois pour les magasins et les maisons d'une certaine importance ; pour les terres et les vignes dépendant d'une même exploitation et quand les terres sont en plus grande quantité que les vignes ;

De trois mois pour les vignes seules pour les petits logements et les chambres seules.

Si rien ne constate qu'un bail est fait à tant par an, par mois ou par jour, la location est faite pour un an.

Continuation de jouissance de maisons ou appartements après expiration du bail écrit. — Dans ce cas (art. 1736), la durée du bail est d'un an et le délai pour donner congé de trois ou de six mois, suivant que la maison ou l'appartement sont dans l'une ou dans l'autre des catégories indiquées dans l'article susvisé.

DROITS ET OBLIGATIONS DU FERMIER ENTRANT ET DU FERMIER SORTANT.

(Art. 1777 et 1778 du Code civil.)

ART. 1777. — *Le fermier sortant doit laisser à celui qui lui succède dans la culture les logements convenables et autres facilités pour les travaux de l'année suivante ; et, réciproquement, le fermier entrant doit procurer à celui qui sort les logements convenables et autres facilités pour la consommation des fourrages et pour les récoltes restant à faire. — Dans l'un et l'autre cas, on doit se conformer à l'usage des lieux.*

ART. 1778. — *Le fermier sortant doit aussi laisser les pailles et engrais de l'année, s'il les a reçus lors de son entrée en jouissance, et quand même il ne les aurait pas reçus, le propriétaire pourra les retenir suivant l'estimation.*

MACON NORD.

Le fermier ou cultivateur sortant, comme le locataire, conserve seul la disposition du logement et des bâtiments d'exploitation jusqu'au 11 novembre, à midi.

Le cultivateur entrant n'est pas obligé de laisser à la disposition de celui qui est sorti une partie du logement d'habitation lorsque ce dernier vient enlever les récoltes.

Partage des produits. — Les trèfles et les luzernes sont considérés comme récoltes pour la première coupe seulement. Ils se partagent par égales portions entre le propriétaire ou le fermier qui le représente et le cultivateur. Les autres coupes de la même année doivent être consommées par les bestiaux du domaine ; dans le cas contraire, elles restent dans la propriété. Il en est de même quand c'est le fermier qui a ensemencé la récolte.

Le fermier sortant n'a le droit de faire consommer que les dernières coupes de fourrages naturels ou artificiels, ainsi les courtes pailles, chaloux et baloux ; ce n'est que dans le cas où ces récoltes seraient nulles par l'effet d'une trop grande sécheresse que le fermier ou cultivateur sortant pourrait se faire remettre une petite partie du foin proportionnée aux besoins de la culture.

Les trèfles et luzernes appartiennent en totalité au fermier lorsqu'il paye en argent le prix du bail.

Quand le domaine est exploité par le colon partiaire, si le bétail appartient en entier soit au propriétaire, soit au cultivateur, le partage des fourrages artificiels rentre dans la règle générale.

Si le bétail appartient moitié au propriétaire moitié au cultivateur, les fourrages artificiels suppléent à l'insuffisance des fourrages naturels ; ce qui excède les besoins se partage.

Frais de récoltes. — Tous les frais de culture, moisson et battage sont à la charge du fermier ou cultivateur sortant ; il a seulement le droit de se servir des bestiaux du domaine pour engranger les récoltes dans les bâtiments d'exploitation.

Colzas. — Les colzas sont semés et sarclés par le cultivateur sortant. Le cultivateur entrant les sarcle à dater du 11 novembre de son entrée, récolte, bat et nettoie ; chacun des deux en a un quart et le propriétaire l'autre moitié.

Foins, pailles et engrais. — Le cultivateur qui n'a ni foins ni pailles provenant des héritages cultivés doit, néanmoins, laisser à sa sortie les foins et pailles destinés à la propriété, sauf indemnité par le cultivateur entrant jusqu'à concurrence du prix déboursé par le sortant.

Tous les engrais faits jusqu'à la Saint-Martin sont employés par le sortant dans les blés qu'il a semés.

Celui qui n'a pas le droit de semer à sa sortie ou le vigneron qui n'a que des vignes doit laisser les engrais à l'entrant.

On ne peut pas sortir les engrais du domaine, même pendant le cours du bail.

Conditions de la culture des vignes. — Le propriétaire fait planter, recourir et piocher pendant trois ans et à ses frais.

Il fait aussi curer les raies et porter les terres.

Si le cultivateur partage la récolte que les chapons peuvent produire la troisième année, il n'a droit à aucune indemnité de travail.

Les vignerons sont obligés de faire les recouchées s'il y a lieu.

Les échalas sont fournis par le propriétaire.

PORTION COLONIQUE.

Art. 1763. — *Celui qui cultive sous la condition d'un partage de fruits avec le bailleur ne peut ni sous-louer ni céder, si la faculté ne lui en a été expressément accordée par le bail.*

Art. 1764. — *En cas de contravention, le propriétaire a droit de rentrer en jouissance, et le preneur est condamné aux dommages-intérêts résultant de l'inexécution du bail.*

Pour toutes espèces de grains, la portion colonique est d'une moitié.

Noix et autres fruits. — La récolte des noix et autres fruits se partage par moitié, entre le propriétaire et le colon.

Quand les arbres couvrent une partie du terrain du voisin, les fruits qui tombent sur lui sont partagés ainsi : le voisin en a la moitié, l'autre moitié appartient au propriétaire et à son cultivateur, qui la divisent entre eux par égalité.

Aux termes de l'article 672 du Code civil, le voisin peut exiger que les arbres et haies plantés à une moindre distance

que celle fixée par l'article 671 soient arrachés. Celui sur
la propriété duquel avancent les branches des arbres du
voisin, peut contraindre celui-ci à couper ces branches. Si
ce sont les racines qui avancent sur son héritage, il a le
droit de les y couper lui-même.

Osiers. — Les osiers appartiennent au cultivateur qui en
donne au propriétaire pour les besoins de sa cave, mais
seulement pour le vin fait avec lui. Cette fourniture varie
d'une à deux douzaines.

Tonte des arbres et buissons. — *Feuilles.* — Les arbres
et les buissons ne doivent être tondus que tous les quatre
ans et au printemps de chaque année. Ainsi le cultivateur
sortant n'a pas le droit de faire de la paille dans l'automne
qui précède sa sortie. Pendant le bail, il ne peut en faire
qu'avec l'agrément du propriétaire.

MACON SUD.

1° Généralement on ne reconnaît pas aux cultivateurs
sortants le droit d'emmener le bois provenant de l'élagage
et de la tonte des haies et des arbres, ni même les osiers.

2° Le cultivateur qui sort, laissant des terres ensemencées, et qui revient moissonner, peut se servir du bétail du
domaine pour engranger la récolte. Il pourvoit, du reste,
aux frais de la moisson, du battage et du criblage.

3° On ne paraît pas admettre la prétention de certains
cultivateurs qui voudraient partager, à la gerbe et au
champ, les récoltes de l'année de leur sortie.

4° Les colzas et navettes sont semés et sarclés en automne
par le cultivateur sortant. Le cultivateur entrant les sarcle
à son tour au printemps, les amasse, les bat et les nettoie.
Chacun de ces cultivateurs en prend le quart, et le propriétaire en a la moitié (lui ou son fermier, selon qu'il jouit par
colons partiaires ou par fermiers ayant des métayers).

7

5° Le vigneron même qui n'a ni foin ni paille provenant de l'héritage qu'il cultive, doit y laisser, à sa sortie, le fumier qu'il a fait. Tous les engrais amassés jusqu'à la Saint-Martin (11 novembre), qui est l'époque des sorties pour les biens ruraux, sont épandus par le cultivateur, surtout dans les terres qu'il a ensemencées ; celui qui n'a pas le droit de semer à sa sortie, ou le vigneron qui n'a que des vignes, laisse les engrais au cultivateur entrant.

6° Il y a des personnes qui soutiennent que le cultivateur sortant a le droit de consommer le quart des pailles de la récolte qu'il vient de faire, parce qu'il y a environ trois mois entre la moisson et sa sortie, mais il n'existe pas de règle absolue sur ce point, et, généralement, les propriétaires n'en délivrent que ce qui est reconnu nécessaire pour la litière, eu égard au nombre et têtes de bétail.

7° Les trèfles et les luzernes appartiennent en totalité au fermier, soit qu'il paye en argent ou en redevances fixées en nature : ce sont à son égard des récoltes dont il dispose à son gré ; mais dans les baux à colonie partiaire, ils ne sont considérés comme récolte que pour la première coupe, laquelle se partage entre le propriétaire et son colon, ou entre le fermier et le métayer. Les autres coupes de la même année se consomment par les bestiaux du domaine, et l'excédant, s'il y en a, reste au fond.   •

Si quelques fermiers ou cultivateurs sortants rompent les luzernières, ce n'est point un usage, mais un abus et une malversation évidente.

8° L'usage est que le *foin* (ou première herbe) se met sous clef après la fauchaison pour être réservé au cultivateur entrant. Le *regain* (ou seconde herbe) est consommé, ainsi que les dernières coupes des prairies artificielles et les courtes pailles, chaloux et baloux, par le cultivateur sortant, jusqu'au 11 novembre, sans cependant en pouvoir abuser.

L'excédant, s'il y en a, demeure au domaine. En cas d'insuffisance constatée de ces produits, il est reçu que les cultivateurs sortants peuvent se faire délivrer une portion de foin proportionnée aux besoins du bétail. Cette portion est plus ou moins forte :

1° Selon qu'elle est demandée à une époque plus éloignée ou plus rapprochée de la sortie ;

2° Selon que le bétail se compose de bœufs ou seulement de vaches, et eu égard à leur nombre,

3° Et aussi selon que le bétail appartient au propriétaire, ou qu'il est au vigneron, car il est constant que, si le vigneron n'a point de terres dans sa culture et que le bétail soit à lui, le propriétaire ne pourvoit à la nourriture de ce bétail que eu égard au temps durant lequel il est employé et sert aux charrois de la vendange.

Fruits des arbres limitrophes entre voisins. — Les arbres fruitiers ont assez souvent des branches qui s'étendent sur le fonds du voisin, lequel, néanmoins, n'exige pas qu'on les coupe. En considération de cette tolérance, l'usage est de partager entre le maître de l'arbre et le voisin les fruits des branches qui s'étendent sur son fonds.

Les fruits des autres arbres appartiennent en entier aux fermiers ; ils se partagent entre le fermier et son métayer, lorsqu'il en a un ; ils se partagent entre le propriétaire et son granger ou colon partiaire.

Culture de la vigne. — A moins de convention contraire, c'est au propriétaire qui plante à fournir les chapons, à les recourir, c'est-à-dire remplacer les manquants et à faire piocher pendant trois ans à ses frais. Il fait de même curer les raies et reporter les terres. Si le cultivateur partage la récolte que les jeunes vignes peuvent donner la troisième année, il n'a droit à aucune indemnité de travail.

On donne d'ordinaire 5 ou 6 francs pour faire planter une

surface de 3 ares 96 centiares (coupée mâconnaise) et 3 francs par an pour la faire travailler.

Le propriétaire fournit les échalas.

Le cultivateur doit donner à la vigne trois façons, non compris la taille.

Quoique un vigneron ait en même temps des terres à cultiver, on ne laisse pas de le considérer comme vigneron si les vignes forment l'objet principal de son travail.

Le vigneron qui a des terres à cultiver doit les laisser toutes libres à sa sortie. Ces terres n'ont point d'assolement et c'est la volonté du propriétaire qui en règle la culture.

Il en est de même à *fortiori* des terres provenant des vignes arrachées qui sont destinées à être replantées plus ou moins prochainement.

Les sarments et les ceps de vignes morts se partagent entre le propriétaire et le vigneron.

Portion colonique. — Elle est de moitié pour toute espèce de grains.

Osiers. — Ils se laissent au cultivateur qui en a journellement besoin. Le propriétaire en prend seulement pour les besoins de sa cave, eu égard au vin qu'il récolte de moitié avec le cultivateur.

Terres, surcharges. — Le colza et la navette se sèment immédiatement après l'enlèvement des grains, mais le cultivateur doit laisser la terre vide après l'amas des colzas et navettes jusqu'à l'automne que la terre s'emblave, autrement il y aurait surcharge.

Jachères. — Le système des jachères n'existe pas dans le canton. Les fonds sont toujours occupés, chargés d'une récolte ou d'une autre.

Sarclage. — Ce n'est pas la coutume de sarcler les terres emblavées, et cela est très regrettable.

Tonte des haies et des arbres, fouilles. — L'usage est de tondre les haies vives et les arbres qui, par leur nature, y sont destinées, comme les saules, les peupliers, les chênes dits étanchés ou écornés, savoir :

Les haies tous les trois ans et les arbres tous les quatre ans.

La tonte doit se faire du mois de novembre au mois de mars.

Les haies doivent être rabattues à la hauteur de 1 mètre 50 ou 60 centimètres.

Le cultivateur sortant à la Saint-Martin n'a pas le droit de tondre et de rabattre avant sa sortie, le bois à provenir de la tonte étant naturellement réservé au cultivateur entrant.

Le cultivateur sortant ni celui qui reste ne peuvent faire de feuilles, c'est-à-dire tondre et rabattre durant la sève.

Comptes entre maître et cultivateur. — Lorsque le cultivateur ne sait pas écrire et signer, le livre du maître, s'il est tenu régulièrement, et que le maître soit connu comme homme de probité, fait quelquefois preuve *de plano* de la vérité des énonciations qui y sont portées.

C'est en tous cas une présomption très grave, qu'il suffit de quelque adminicule ou du serment de plaids pour convertir en preuve complète.

Cela est surtout constant lorsque le maître a remis à son cultivateur un double de son carnet que celui-ci pouvait à sa volonté se faire lire et contrôler par autrui.

Charrois. — Le cultivateur est tenu de rendre au propriétaire sa part de fruits et récoltes, soit que le bétail forme un cheptel au propriétaire ou qu'il appartienne au cultivateur. Le transport est gratuit, mais le propriétaire nourrit le conducteur et les bêtes.

Le cultivateur n'est pas obligé au transport à telle distance qu'il lui fallût découcher.

Quelques-uns pensent que le cultivateur qui n'a pas fourni ses voitures au maître une année peut-être assujetti à le faire une autre année ou à en payer la valeur en argent.

Mais d'autres, et c'est le plus grand nombre, estiment que les voitures ne s'arréragent pas, à moins qu'elles n'aient été demandées et refusées.

On tolère que le cultivateur fasse des charrois pour autrui. si le bétail lui appartient, pourvu qu'ils ne soient pas assez fréquents pour nuire à la culture.

CLUNY.

Indépendamment des obligations imposées par l'article 1777, il est d'usage dans le pays que le fermier sortant fournisse le logement à un homme de confiance appelé valet de grange, plus une place au feu pour préparer la nourriture des ouvriers, et cet homme a le droit de disposer du bétail comprenant le cheptel et des harnais du domaine pour rentrer les récoltes.

Il est d'usage, dans les domaines qui s'afferment, de faucher les foins au 11 juin. Cet usage cause un dommage considérable au fermier entrant qui ne trouve qu'un fourrage de mauvaise qualité, l'herbe ayant été coupée trop tôt avant sa maturité.

LA CHAPELLE-DE-GUINCHAY.

Les fermiers et colons partiaires laissent à leur sortie les pailles, fourrages et engrais ; ils ont le droit de faire consommer par leur bétail et dans l'écurie du domaine les seconds foins ou regains, la seconde coupe de trèfle, les troisième et quatrième coupes de luzerne, mais ils ne peuvent ni les vendre ni se les approprier à leur sortie. Les foins appartiennent au domaine, le cultivateur doit les couper, sécher et conduire dans les bâtiments de son exploitation, afin que le colon successeur puisse nourrir son bétail l'hiver.

Tonte des arbres et haies. — L'usage est de faire la tonte des arbres et celle des buissons, savoir : pour les bois tendres, peupliers, trembles, saules, aulnes, par période triennale, et pour les bois durs, chênes, charmes, aubépine et autres, par période quatriennale. Le cultivateur doit se conformer à cet aménagement créé par l'usage et enlever le bois des champs, prés ou vignes avant le 11 novembre, époque de l'entrée de son remplaçant.

Terres. — Il existe deux catégories de terres : celles temporaires provenant de vignes arrachées, et celles dites terres courantes qui ne changent pas de nature.

Les premières ne peuvent pas être réensemencées après le congé donné ; les terres courantes, au contraire, doivent être ensemencées après le congé reçu. Ainsi le cultivateur sortant sème le blé en temps et saison convenables. Le cultivateur conduit la récolte chez le propriétaire, bat le blé, et, après les semences prélevées par celui qui les a fournies, le partage se fait entre le propriétaire et le fermier par moitié.

Après le blé le cultivateur des terres courantes sème des choux colzas, les sarcle une fois ou deux, son successeur leur donne une troisième façon au printemps, les récolte, les bat, et le produit est partagé avec le propriétaire, qui prend la moitié, l'autre moitié se divise par égale partie entre le fermier entrant et le fermier sortant.

Vignes. — Les vignerons, après avoir fait avec les propriétaires le partage du vin, doivent l'envaser et le rendre dans leurs caves.

Le bois provenant de la tonte des arbres est aussi partagé entre le propriétaire et son vigneron dans quelques communes du canton ; dans d'autres, le propriétaire laisse au vigneron la coupe entière du buisson ; enfin, quelques propriétaires se réservent pour leurs vignes les branches propres à faire des échalas ; le cultivateur ne peut étêter aucun arbre sans l'assentiment du propriétaire.

Les sarments se partagent généralement. Les ceps, en cas d'arrachage, sont abandonnés par les propriétaires aux cultivateurs pour les indemniser ; lorsque l'arrachage est suivi du minage (labour profond de 45 à 60 centimètres), le propriétaire, outre les ceps, alloue au cultivateur une somme proportionnée à la difficulté du travail.

Dans toutes les communes du canton, le propriétaire oblige le cultivateur sortant à laisser à son successeur le bois nécessaire, tel qu'aubépine et autres, pour l'entretien des buissons.

Le propriétaire détermine le nombre de têtes d'osier que le cultivateur plantera, ainsi que l'emplacement. La récolte des grands osiers appartiendra au cultivateur ; ceux dits couperets sont employés exclusivement à lier la vigne, les plus forts sont employés par le vigneron à l'entretien des clôtures et à lier les fagots.

Il est d'usage de laisser reposer les vignes, en général, pendant trois ans ; à l'expiration de ce temps on plante de nouveau. Le propriétaire fournit les plants ; le vigneron plante, taille et donne les trois façons d'usage jusqu'à ce que la vigne ait atteint sa quatrième année.

Dans quelques communes, et spécialement à Romanêche, hameau des Thorins, la vigne est replantée après que la terre a été dessolée, pendant un an par quelques-uns, et deux ans pour le plus grand nombre de cette localité.

Chaque vigneron paye au propriétaire une somme proportionnée au prix du loyer de la maison qu'il occupe, de l'étendue de pré fourni par le propriétaire et de l'impôt à la charge des fonds cultivés. Les pailles destinées à la litière du bétail sont achetées par moitié ; les échalas sont fournis par le propriétaire ou vigneron qui en effectue la livraison où le besoin l'exige.

Le prélèvement du dixième de la récolte appelé la dîme est fait par les propriétaires pour leur tenir lieu d'une partie des impôts dans une seule commune du canton, celle de Saint-Vérand.

LUGNY.

Sorties, congés, payements. — Les sorties ont toujours lieu au 11 novembre.

Les congés sont toujours donnés trois mois avant la sortie, et les payements ont lieu en vidant les lieux. Cependant lorsque le local sert en même temps à l'habitation, au commerce ou à l'industrie, les congés doivent être donnés six mois d'avance.

Colons partiaires, fermiers. — Les congés sont donnés six mois avant la sortie et à l'expiration de chaque période de deux années, attendu que les assolements sont biennaux ; toutefois, les fermiers de prés seulement peuvent recevoir les congés tous les ans, dans les délais ci-dessus ; quant aux payements, lorsqu'il n'y a pas de conventions contraires, ils ont toujours lieu à la sortie, c'est-à-dire au 11 novembre.

Les fermiers ou colons partiaires doivent, avant leur sortie :

1° Faire les foins naturels, les engranger et ne s'en servir pour la nourriture du bétail que dans la proportion du temps restant à courir et du nombre de têtes d'animaux servant à l'exploitation ; cela n'a lieu toutefois qu'après avoir préalablement et avec modération, usé d'abord les fourrages artificiels, ensuite les regains et les raves, là où on en récolte. Ces différentes quantités proportionnelles sont ordinairement fixées par des experts choisis par les parties ou nommés d'office par le juge en cas de désaccord ;

2° N'ensemencer, selon l'usage, que le quart environ d'un assolement en menus grains.

Après sa sortie, qui a lieu le 11 novembre, et lors de la récolte des menus grains et des blés au printemps ou dans l'été suivant, les fermiers ou colons partiaires doivent les faire conduire et les battre dans les bâtiments de l'exploitation, en se servant à cet effet soit des granges, soit du bétail qui s'y trouve attaché.

Quant à ceux qui ne sont pas logés chez le propriétaire et dont les récoltes étaient habituellement rentrées chez eux, ils doivent, au moment de leurs dernières récoltes, les moissonner et les battré au champ et en même temps y laisser les pailles.

En ce qui concerne ceux qui ne louent que quelques parcelles isolées, s'ils ont semé des trèfles, la moitié seulement de la première coupe leur appartient ; l'autre moitié et les coupes subséquentes restent au propriétaire ou au fermier ou colon restant.

Vignerons. — Ceux logés chez le propriétaire doivent donner ou recevoir congé trois mois avant la sortie. Quant à ceux qui ne sont pas logés chez le propriétaire, ils peuvent donner ou recevoir congé au tirage des cuves, et ce verbalement et en présence de témoins.

Vendanges. — L'ouverture en est faite par un ban dans une partie du canton ; dans l'autre partie, la plus considérable, elle est libre et laissée à la disposition des propriétaires et cultivateurs.

Chute des fruits de toute nature provenant des arbres à haute tige. — Lorsque les branches d'un arbre s'étendent sur la propriété voisine, l'usage varie beaucoup pour la récolte des fruits.

D'abord, le propriétaire de l'arbre doit prévenir verbalement son voisin du moment où il veut faire sa récolte ; ensuite on procède ainsi :

Dans une partie du canton, le propriétaire d'un terrain sur lequel s'étendent les branches d'un arbre fruitier ramasse seul les fruits qui pendent ou tombent sur son terrain, et le propriétaire de l'arbre prend ceux qui sont sur la voie publique. Dans une autre, il recueille seul d'abord ceux tombant ou pendant sur son terrain ; puis ensuite ceux tombant sur la moitié de la voie publique qui joint son terrain, le surplus appartenant comme ci-dessus au propriétaire de l'arbre ;

Enfin, dans une autre, les fruits abattus ou tombés sur le terrain d'un voisin appartiennent, pour les deux tiers, à celui-ci, et, pour l'autre tiers, au propriétaire de l'arbre, et s'il se trouve un chemin public entre les deux fonds, le propriétaire de l'arbre ramasse d'abord seul ceux qui sont tombés sur la moitié du chemin joignant son terrain, puis ensuite le tiers de ceux tombés sur l'autre moitié, et les deux autres tiers appartiennent, comme il est dit plus haut, au voisin.

MATOUR.

D'après l'usage, le fermier sortant doit laisser à celui qui lui succède le logement tel qu'il l'a trouvé lors de sa prise de possession, le cheptel tel qu'il l'a trouvé à son entrée, et les terres en labour telles qu'il les a trouvées lors de sa prise de possession. Dès lors, une moitié de ces terres en labour a dû être pourvue d'une semaille en seigle et froment par le fermier sortant, qui doit laisser en même temps à son remplaçant d'abord toutes les pailles, sauf celles dont une sage administration a rendu la conversion nécessaire en engrais qui passent dès lors aux fermiers du domaine.

Il est encore d'usage que le fermier sortant doit laisser en même temps à son successeur tous les foins de la récolte précédente à titre de représentation de ce qu'il a lui-même trouvé lors de son entrée.

Le fermier sortant fait les sarclages et la moisson des terres qu'il a ensemencées ; quelques semaines avant sa sortie, il fait battre cette récolte dans la grange du domaine à ses frais pour une moitié, le fermier entrant faisant les frais de l'autre moitié. Le transport des récoltes des champs à la grange se fait par le fermier entrant. Les grains provenant des battages se partagent par moitié entre les deux fermiers sans prélèvement d'essements, le fermier sortant n'éprouvant aucun préjudice de ce partage, qui a été fait de la même manière avec son prédécesseur.

SAINT-GENGOUX.

Le fermier entrant partage la récolte des blés, froment et seigle semés dans l'année précédente par le fermier sortant.

Il a droit de semer des fèves d'hiver, dans l'étendue accoutumée, avant son entrée, mais à ses frais, avec son propre bétail, sans pouvoir exiger celui de la ferme pour ce travail.

Le fermier sortant nourrit les moissonneurs et les batteurs, le salaire de ceux-ci se prélève en nature sur le produit de la récolte, à un taux convenu, ou se paye par moitié entre le fermier entrant et le fermier sortant.

Les transports de récoltes sont faits par le fermier entrant.

Le fermier sortant fournit un homme pour surveiller la moisson et le battage.

Le fermier sortant paye les frais de visite qu'il a reçue sans frais à son entrée, il supporte les indemnités pour défaut de réparations locatives aux bâtiments, réparations dans les fonds, aux haies, défaut de transport de terres, surcharges, notamment des fossés, défaut de tonte des arbres et haies aux époques ordinaires, les haies vives, saules tronchés, peupliers doivent être élagués, tondus tous les trois ans, de manière à laisser le tiers du bois restant à couper, au fermier entrant.

Le fermier ou métayer entrant peut exiger une visite des blés dans les quinze jours qui précèdent la moisson ; cette visite a pour objet de constater si le fermier sortant a semé en de bonnes conditions, si la semence a été bien préparée, si elle a été suffisante en grains, par comparaison avec les fonds de la localité.

Le fermier sortant, dans la dernière année de jouissance, ne peut pas faucher les prés avant le 11 juin.

Le métayer sortant fait toute la récolte et le battage ; le propriétaire fournit seulement un homme pour les surveiller.

Les métayers payent ordinairement moitié des contributions et un droit de basse-cour.

Dans la dernière année du bail, le fermier ou métayer sortant peut faire consommer tous les fourrages artificiels qui remplacent une récolte de céréales.

Chaque propriétaire a des conventions particulières avec les vignerons.

Dans quelques communes, le vigneron paye moitié des contributions ; dans d'autres, pour remplacer cette charge, le propriétaire prélève, avant partage, d'un treizième à un vingtième de la récolte.

Fruits, droit de chute. — Les fruits provenant des branches d'arbres s'étendant sur le fonds voisin appartiennent en entier au propriétaire de ce fonds, lorsque ces fruits se récoltent par le battage avec perches.

Lorsque les branches s'étendent sur des chemins, tous les fruits sont au propriétaire de l'arbre.

Cependant, dans quelques communes, à Chissey, notamment, après le battage, les propriétaires des fonds de chaque côté du chemin prennent chacun les fruits tombés sur moitié de la largeur des chemins joignant leurs fonds.

Les propriétaires d'arbres rapportant des fruits qui se ceuillent à la main doivent prendre seulement ceux qui pendent sur leurs terrains. Jusqu'à la limite, le voisin profite de tous les fruits portés par les branches qui s'étendent sur son fonds.

TOURNUS.

Le fermier entrant peut exiger une visite du fermier sortant; il a trois mois pour la réclamer à compter de l'entrée en jouissance, qui a toujours lieu le 11 novembre. Passé ce délai de trois mois, le fermier sortant peut opposer la prescription pour les bâtiments, les bois, les prés, les vignes et les terres non ensemencées. Quand aux terres ensemencées, la visite s'en fait au mois de mars et jusqu'à l'époque de la moisson.

L'entrée en jouissance commençant toujours le 11 novembre, ce jour passé, le fermier sortant ne peut plus rien ensemencer, quand même il aurait négligé d'ensemencer une ou plusieurs terres de la sole de l'année.

Le fermier sortant a droit à la moitié des récoltes qu'il a ensemencées avant sa sortie, sans prélèvement de ses semences et sans droits aux pailles de ses récoltes; il fait à ses frais les moissons et les battages de cette dernière récolte; celui qui le remplace n'est tenu que de voiturer les gerbes ou autres données de cette récolte, mais le chargement des voitures regarde le sortant; ainsi, pour ces charrois, le fermier entrant ne fournit que les voitures, le bétail de la ferme et le conducteur.

Après sa sortie, il n'est dû aucun logement d'habitation

au fermier sortant, et les récoltes qu'il fait l'année qui suit sa sortie sont déposées dans les granges de la ferme; ou ne peut pas les conduire ailleurs.

Dans toutes les communes du canton, on est dans l'usage de commencer les fauchaisons des prés à regain le 6 juin et celles des prairies, qui ne donnent point de regain, le 24 du même mois. Le fermier sortant doit se conformer à cet usage.

Les foins qui se récoltent l'année de la sortie appartiennent au fermier entrant; le sortant les conduit à ses frais sur les fenils de la ferme; il ne peut pas en faire manger par son bétail, seulement on lui en remet, à dire d'experts, ce qui est nécessaire pour nourrir le bétail de la ferme, pendant qu'il fait les semences.

Le fermier sortant a droit, l'année de sa sortie, de nourrir le bétail de la ferme avec les regains et les trèfles, et si au 11 novembre, jour de sa sortie, il reste encore des trèfles, le sortant a droit de les partager par moitié avec son successeur.

Quand aux luzernes et aux sainfoins, on distingue; si c'est le propriétaire qui les a établis avant le bail, le fermier sortant n'y a aucun droit l'année de sa sortie; si c'est le fermier sortant qui les a établis, il a sur eux les mêmes droits que sur les trèfles.

Le fermier, pendant toute la durée de son bail, n'a pas le droit de nourrir son bétail avec les pailles; il faut qu'il les convertisse toutes en engrais.

Le fermier sortant a le droit de se servir de ses pailles pour litière jusqu'à sa sortie, en en usant en bon père de famille. Il doit conduire les engrais qu'il a faits dans les terres de la sole qu'il doit ensemencer; les engrais qui restent appartiennent au fermier entrant.

ART. 672. — *Celui sur la propriété duquel avancent les branches du voisin peut contraindre celui-ci à couper ces branches, mais s'il ne l'exige pas, à qui appartiennent les fruits de ces branches ?*

Dans toutes les communes du canton, les fruits de ces branches appartiennent à celui sur la propriété duquel elles avancent.

Quant aux noyers, aux amandiers et aux sorbiers, voici l'usage pour tout le canton :

Quand le propriétaire veut faire la récolte de ces trois espèces d'arbres, il l'annonce aux voisins qui touchent son héritage. Les fruits qui tombent sur le terrain du propriétaire de l'arbre lui appartiennent en totalité, mais de ceux qui tombent sur le sol du voisin, il en revient les deux tiers à celui-ci, l'autre tiers revient au propriétaire de l'arbre.

TRAMAYES.

A Saint-Léger-sous-la-Bussière et à Saint-Pierre-le-Vieux, le fermier sortant ramasse la récolte qu'il a mise en terre l'année de sa sortie, et celui qui le remplace lui fournit pour ce travail un homme qu'il paye et qui est nourri par le fermier sortant.

A Tramayes, Pierreclos, Serrières, Bourgvilain et Germolles, le fermier entrant fournit un homme au fermier sortant pour l'amas de sa dernière récolte ; l'homme fourni est payé sur cette récolte et nourri par le fermier sortant.

Le fermier sortant fait et met ses foins sur le fenil du domaine, et il prend sur ce foin la quantité qui lui est rigoureusement nécessaire pour, avec les regains et trèfles, nourrir son bétail jusqu'à sa sortie.

Dans quelques communes, les trèfles étant toujours réputés fourrages, tout ce qui n'est pas consommé au jour de sa sortie reste, comme le foin, au cultivateur entrant, tandis que, dans d'autres communes, ils sont réputés trémois et, dans ce cas, ce qui en reste l'année de la sortie appartient au fermier sortant qui, en outre, prend encore moitié de la première coupe à faire l'année qui suit sa sortie.

Ecobuage. — Le cultivateur qui ensemence des terres après écobuage fournit toutes les semences et a droit aux deux tiers de la récolte en grains et paille.

Chute des fruits sur les voisins et sur la voie publique. — Le propriétaire d'arbres à fruits prend la moitié de ceux de ces fruits qui tombent sur l'héritage du voisin et la totalité de ceux qui tombent sur la voie publique.

CHEMINS DE DESSERTE.

MACON NORD.

La largeur d'une desserte, lorsqu'elle n'a pas été réglée par la convention des parties, est communément :

Pour un pré, de 3 m 50 en ligne droite ;

Pour une terre et une vigne, de 2 m 40 ;

Pour un corps de bâtiments, de 3 m 50,

Et pour un sentier à talon, d'un mètre.

MACON SUD.

La largeur d'une desserte, pour l'exploitation d'un pré, est fixée à 3 m 50 en ligne droite.

En desserte, pour l'exploitation d'une vigne, rien de fixe, mais 2 m 50 paraissent suffire. On augmente la largeur dans les sinuosités et les courbes selon les besoins de celui qui exerce le passage.

8

GLANAGE ET FANAGE.

(Code rural du 6 octobre 1791, titre II, art. 21. —
Code pénal, art. 471, n° 10.)

MACON NORD.

Le glanage et le fanage ne doivent s'exercer que sur les
terrains ouverts et après l'enlèvement de la récolte.

MACON SUD.

Le glanage a lieu dans le canton sur les fonds couverts.
Le ratelage a lieu

CLUNY.

Il n'y a pas d'usages ; il existe une foule d'abus.

LA CHAPELLE-DE-GUINCHAY.

Les anciens usages concernant le glanage sont tombés en
désuétude.

MATOUR.

Il n'existe, dans le canton, aucun usage à cet égard.

LUGNY.

Le glanage n'est pas interdit après l'enlèvement des
récoltes.

TOURNUS.

Le ratelage, le glanage et le grappillage ne sont permis
qu'après l'enlèvement des foins et des céréales, et les vendanges, non seulement des raisins, mais encore des aigrets.
Cependant on est dans l'usage de tolérer le ratelage quand
les foins sont en tas et se chargent, et le glanage lorsque les
gerbes sont liées et se chargent.

TRAMAYES.

Il n'y a pas dans le canton d'usages, de règlements particuliers ou de coutumes dérogeant aux articles 644, 645,

663 et 677 du Code civil, non plus qu'aux prescriptions des lois des 28 septembre et 6 octobre 1791 et 14 floréal an XI.

PARCOURS ET VAINE PATURE.

(Loi du 6 octobre 1791, section IV, art. 2.)

La servitude réciproque de paroisse à paroisse connue sous le nom de parcours, et qui entraîne avec elle le droit de vaine pâture, continuera provisoirement d'avoir lieu avec les restrictions déterminées à la présente section, lorsque cette servitude sera fondée sur un titre ou sur une possession autorisée par les lois et coutumes ; à tous autres égards, elle est abolie.

MACON NORD.

Le parcours et la vaine pâture ne sont plus exercés dans le canton.

MACON SUD.

Le parcours de commune à commune ne se pratique pas.

La vaine pâture n'a lieu sur les terres qu'à titre précaire et par tolérance. Le plus grand nombre des propriétaires ne la souffrent pas du tout et se réservent l'herbe qui croît dans leurs champs.

VIVE PATURE OU DROIT A LA SECONDE HERBE DES PRÉS ET PRAIRIES.

(Même loi de 1791.)

On tient que les communes ou les particuliers usagers dans les prés et prairies pour la seconde herbe n'y peuvent envoyer leurs bestiaux en pâturage qu'après la levée entière du foin ou première herbe, et seulement jusqu'au 1er mars, époque où l'herbe commence à pousser.

C'est l'application de l'arrêt de règlement du Parlement de Paris du 23 novembre 1785.

Encore pense-t-on que le pâturage doit être suspendu même avant le 1er mars, si le sol était détrempé par les eaux.

On tient également que les usagers à la seconde herbe ne peuvent envoyer en pâturage les moutons, brebis, oies, dindes et autres volailles.

C'est aussi l'application des arrêts du Parlement de Paris des 23 janvier 1779, 28 décembre 1780 et 20 juin 1785, renouvelés par celui cité plus haut du 23 novembre 1785.

Quoique ces arrêts ne nomment pas les chèvres et les porcs, on ne doute pas que l'accès des prés usagers ne leur soit interdit *à fortiori*; la dent de la chèvre est la plus meurtrière à l'herbe et le porc déracine la plante en fouillant le sol.

CLUNY.

Les fonds étant généralement clos, ils ne sont pas sujets au parcours; donc il n'existe pas d'usage à cet égard. Pour ce qui est du pâturage sur les terrains communaux, un grand nombre de communes sont régies par des règlements des maires.

LA CHAPELLE-DE-GUINCHAY.

Les anciens usages concernant la vaine pâture et le parcours n'existent presque plus.

LUGNY.

Le parcours n'a pas lieu dans les communes du littoral de la Saône. Dans les autres, il n'a lieu que lorsque les terres n'ont encore reçu aucun labour.

La vaine pâture s'exerce après l'enlèvement de la première coupe des foins dans les prairies des bords de la Saône et jusqu'à l'entrée de l'hiver seulement.

L'époque de la fauchaison des prairies soumises à la vaine pâture est fixée par un ban qui indique en même temps l'ouverture de la vaine pâture.

MATOUR.

Il n'existe aucun usage relatif au parcours et à la vaine pâture.

TOURNUS.

Même déclaration en ce qui concerne le parcours.

La vaine pâture n'a lieu que sur les fonds qui ne sont pas en état de clôture ; on n'a le droit de l'exercer qu'après les récoltes enlevées. Dans les prairies, on l'exerce quand la fauchaison est terminée, jusqu'aux gelées et au plus tard jusqu'au 25 décembre.

TRAMAYES.

Il n'existe pas dans le canton d'usages, de règlements particuliers ou de coutumes dérogeant aux prescriptions de la loi des 28 septembre et 6 octobre 1791.

CANAUX ET RIVIÈRES NON NAVIGABLES. — CURAGE. — RIVERAINS.

(Loi du 14 floréal, an XI.)

ART. Ier. — *Il sera pourvu au curage des canaux et rivières non navigables et à l'entretien des digues et ouvrages d'art qui y correspondent de la manière prescrite par les anciens règlements ou d'après les usages locaux.*

MACON SUD.

Il ne paraît pas qu'il y ait d'anciens règlements.

Lorsque le curage d'un fossé, d'un ruisseau mitoyen ou d'un cours d'eau ou rivière est nécessaire, dans un intérêt privé, entre deux ou plusieurs propriétaires, l'usage local est de faire le curage aux frais de tous par contributions en proportion de leurs propriétés riveraines.

Il en est de même pour l'entretien des ouvrages d'art.

Si le curage ou d'autres travaux sont nécessaires, dans un intérêt public, pour la salubrité de l'air, c'est l'autorité administrative qui les prescrit par arrêté spécial et elle en détermine le mode et les conditions. Et, néanmoins, les frais en sont encore à la charge des riverains qui sont imposés au rôle de répartition, toujours chacun en raison de l'étendue de sa propriété.

Fossés, distance légale. — Le Code ne prescrit pas de distance à observer pour celui qui creuse un fossé le long des fonds d'autrui.

L'ancien usage du pays était de laisser une *investison* de 50 centimètres. Cet usage, très propre du reste à prévenir les contestations entre voisins, s'est maintenu malgré le silence du Code.

Le curage et l'entretien des petits fossés d'écoulement sont à la charge du cultivateur. Quant aux fossés d'assainissement, leur entretien et leur curage concernent le propriétaire.

CLUNY.

Il n'y a pas d'usage pour le curage des fossés et des canaux et rivières; on se conforme aux dispositions du Code.

LA CHAPELLE-DE-GUINCHAY.

On ne peut constater aucun usage à cet égard ; il n'y a ni canaux ni rivières non navigables dans le canton.

LUGNY.

Il n'existe aucun usage à cet égard.

Fossés, distance légale. — Ceux faits en talus de un pour

un n'exigent pas d'*investison* ; ceux, au contraire, dont les arêtes sont verticales, doivent avoir une *investison* égale à la profondeur.

SAINT-GENGOUX.

Lorsqu'on ouvre un fossé près du voisin, on laisse, entre la limite et le bord du fossé, un emplacement égal au tiers de la profondeur du fossé.

TOURNUS.

Il n'existe pas d'anciens règlements ni d'usages locaux ; on suit les dispositions de la loi du 14 floréal an XI et des autres lois et arrêtés sur cette matière.

Fossés. — Celui qui fait un fossé sur son héritage doit laisser au moins 39 centimètres de distance entre le bord extérieur du fossé et le fonds du voisin.

TRAMAYES.

Il n'existe pas d'usages ; on se conforme aux prescriptions de la loi de floréal an XI[1].

USAGE DE PRENDRE DES TERRES OU DES MATÉRIAUX DANS LES LIEUX APPARTENANT AUX COMMUNES.

(Code pénal, art. 479, n° 12.)

Seront punis d'une amende de 11 à 15 fr. inclusivement :
Ceux qui, sans y être dûment autorisés, auront enlevé des chemins publics des gazons, terres ou pierres, ou qui, dans les lieux apparte-nant aux communes, auraient enlevé les terres ou matériaux, à moins qu'il n'existe un usage général qui l'autorise.

MACON SUD.

Cet usage ne paraît pas exister dans les communes du canton, et l'on condamne à l'amende portée par la loi ceux

[1] Voir articles 666 et suivants du Code civil.

qui font de ces sortes d'enlèvements dans les communaux .
sans une permission de l'autorité municipale.

DENIER A DIEU.

Il arrive parfois, assez souvent même, que le maître, en
louant son domestique, lui donne une pièce d'argent à titre
de denier à Dieu, en foi de l'engagement contracté ; mais ce
n'est pas un usage constant, et nos procès-verbaux de
constat sont muets à cet égard.

Disons ici, pour ordre, que le denier à Dieu présente avec
les arrhes une grande analogie, dans les rapports du maître
avec le domestique, en ce que le maître le perd lorsqu'il se
désiste ; mais il en diffère : 1° en ce qu'il ne peut jamais
être imputé sur le prix ; 2° en ce qu'il ne peut être la
matière d'une restitution en double, dans le cas où l'engagement ne s'accomplit pas (art. 159, Code civil).

De la lecture attentive et du rapprochement fait entre
eux des procès-verbaux dressés par les commissions des
usages locaux dans notre arrondissement,

Il résulte :

1° Que ces procès-verbaux ne répondent pas à toutes les
questions posées ;

2° Qu'en dehors des réponses faites à ces questions, les
commissions ont constaté ici et là d'autres usages, qu'elles
ont présenté quelques observations et exprimé quelques
vœux.

Ces usages, ces observations, ces vœux sont ceux indiqués
ci-après :

MACON SUD.

Première observation. — Il existe un ancien ouvrage ayant pour titre : *Usage des pays de droit écrit du ressort du Parlement de Paris*, par Malbray de Lamotte.

Un des membres de la commission (mon savant et regretté collègue, M. Dedianne) a eu jadis occasion d'y recourir quelquefois. Les exemplaires en sont malheureusement très rares. La commission regrette de n'avoir pu consulter un livre qui lui aurait sans doute fourni des documents utiles sur les usages du canton qui, comme tout le Mâconnais, dépendait, pour la justice, du ressort de Paris.

Deuxième observation. — La partie du travail qui suit s'éloigne peut-être un peu du caractère des cas compris dans l'énumération donnée par l'extrait de la circulaire ministérielle qui a été mis sous les yeux de la commission.

Néanmoins, nous avons pensé qu'il pouvait être de quelque intérêt de faire mention des points qu'elle va signaler et qu'elle entrerait en cela dans l'esprit des obsertions qui terminent la circulaire, puisque l'on tend à connaître et à colliger les pratiques diverses et à élaborer avec leur aide un Code rural.

Les points que nous avons cherché à fixer et à constater ont trait surtout *aux baux à vigneronnage et à colonie partiaire*, matière assez compliquée sur laquelle le Code ne contient que deux dispositions (art. 1763 et 1764).

Voir ci-dessus baux, congés, réparations locatives, Mâcon sud, page 86 ; droits et obligations du fermier entrant et du fermier sortant, Mâcon sud, page 97.

DOMESTIQUES DE LA CAMPAGNE. — ENTRÉE. — SORTIE. — PAYEMENT DU GAGE.

(Art. 1779 et 1780 du Code civil.)

Les domestiques entrent d'ordinaire le 11 novembre ou au commencement de mars, après la foire de Leynes, où la plupart vont se louer ; ils ne doivent sortir qu'au bout de l'an.

S'ils quittent leurs maîtres sans raison légitime, avant le terme, on ne leur paye pas *la rate* (le montant entier) de leur gage.

MACON NORD.

Dans le canton, bien que le procès-verbal de la commission soit muet à cet égard, il est d'usage constant que les domestiques attachés au service de la maison, qui sont loués en général pour un an, doivent prévenir, au moins huit jours à l'avance, le maître qu'ils ont l'intention de quitter avant l'expiration du terme convenu. Cette obligation est réciproque. Celui des deux contractants qui ne s'y conforme pas doit indemniser l'autre d'une somme égale à la valeur de huit journées du gage convenu. Il est d'usage aussi que les domestiques attachés aux travaux des champs se louent pour un an, du 11 novembre au 11 novembre ; les maîtres donnent des à-compte pendant le courant de l'année et soldent le gage à la sortie.

Une ordonnance royale de 1567 porte, sous son article 3, ce qui suit : « Les domestiques loués à temps seront tenus de servir pendant tout le temps pour lequel ils se sont loués, à peine de 20 livres d'amende. »

Si le chiffre de l'indemnité à payer par celle des parties qui ne remplit pas ses engagements n'est pas fixé dans nos lois modernes, le principe de la légitimité de cette indemnité y est proclamé bien haut, notamment dans les articles 1134, 1142 et 1382 du Code civil.

Il arrive souvent, trop souvent, nos registres des avertissements en font foi, que lorsque la mauvaise saison est passée et que les grands travaux commencent aux champs, le domestique, pour gagner davantage, va affermer ses bras chez un autre maître, mais cela lui profite peu ; le juge, pour indemniser le maître abandonné, réduit toujours, dans d'assez larges proportions, le gage du domestique qui, sans motifs légitimes, n'a pas rempli ses engagements.

Il est en de même pour le maître, quand les torts sont de son côté et quand il renvoie au commencement de la mauvaise saison les gens loués par lui à l'année.

Un usage constant aussi et généralement suivi dans nos cantons est celui qui consiste à faire, à l'expiration des baux verbaux ou écrits, ce que l'on appelle ici une visite. Les experts choisis à cet effet par les parties ou nommés d'office par le juge, après avoir visité les lieux occupés par le fermier sortant, constatent les vices et les défauts de culture et fixent le montant de l'indemnité qui peut être due par lui.

Dans un exposé de la question des indemnités dues au fermier sortant, soumis à la commission du Code rural en 1872, le rapporteur, M. Pluchet, dit avec raison qu'en France le fermier sortant s'applique, pendant les dernières années de son bail, à épuiser tout ce qu'il peut avoir apporté ou non d'engrais à la terre et qu'il néglige parfois de donner au sol les façons si efficaces pour maintenir sa fertilité. C'est là une vérité incontestable ; cette vérité, j'ai pu la constater cent fois, tant ici que dans un pays de grande culture, où j'ai précédemment exercé mes fonctions. C'est ce qui fait que je n'ai jamais vu, pendant mon long exercice, accorder des indemnités aux fermiers sortants.

En Angleterre, le système des indemnités aux fermiers sortants pour les améliorations non épuisées est, au contraire, en vigueur; ces indemnités, considérées comme la représentation réelle des améliorations effectuées par le fermier sortant, sont évaluées par des arbitres-experts.

D'où il suit que celui qui cultive le sol à l'abri des coutumes anglaises a un intérêt rémunérateur et un attrait suffisant à l'améliorer et à le faire produire davantage, qu'il s'attache à sa terre et se complaît à élever dans sa ferme les constructions qui lui deviennent nécessaires pour ses récoltes et ses bestiaux, et cela par la raison toute naturelle qu'il sait que ses avances garanties par le propriétaire lui seront remboursées par son successeur.

Il y a tout lieu de croire que le système des indemnités aux fermiers sortants pour les améliorations non épuisées réalisées par eux dans le cours de leur bail prendra place dans notre Code rural.

CLUNY.

La commission exprime le regret que l'usage n'exige pas, pour la plantation des arbres à haute tige, une distance plus grande que celle prescrite par l'article 671. On devrait, selon elle, établir une distinction entre les arbres dits à haute tige en raison de la hauteur relative qu'ils peuvent atteindre; le pommier, par exemple, ne devrait pas être mis au même rang que le noyer, le châtaignier, le peuplier ou le platane.

LA CHAPELLE-DE-GUINCHAY.

Par une tolérance bien préjudiciable aux intérêts de l'agriculture, les propriétaires des haies sont encore libres d'étêter à une hauteur qui varie entre deux et quatre mètres les arbres de toute essence plantés dans ces haies ou buissons.

SAINT-GENGOUX.

Au grand préjudice de l'agriculture, on plante les haies vives avec toute espèce d'essences de bois, même avec celles qui peuvent donner des arbres à haute tige ; on devrait proscrire, dans la plantation des haies vives entre voisins, certaines essences, telles que acacias, prunelliers et autres bois à racines rampantes, ou obliger le propriétaire de la haie de laisser entre cette clôture et le terrain du voisin un espace plus grand que celui fixé par l'article 671.

Congés. — On devrait fixer un délai uniforme pour les congés à donner et fixer ce délai à six mois pour toutes les locations de villes et bourgs, ainsi que pour les fermes au dessus de 500 francs de prix annuel, et trois mois pour toutes les autres.

TOURNUS.

La commission émet le vœu que la vaine pâture soit suspendue dans les prairies après les inondations et qu'on ne puisse l'exercer de nouveau que lorsque le sol est sec et suffisamment solide.

Les commissions auraient pu exprimer beaucoup d'autres vœux encore, mais ces vœux, éparpillés ici et là, sans ordre, dans deux mille et quelques cents procès-verbaux, auraient-ils été pris en considération, seraient-ils parvenus même à la connaissance de ceux qu'ils peuvent intéresser ? C'est peu probable.

Si, conformément aux instructions contenues dans les deux circulaires ministérielles citées plus haut, les commissions cantonales chargées de recueillir et de constater les usages locaux en vigueur, ont rempli partout leur tâche, il n'en est pas de même, paraît-il, des commissions centrales, puisque l'on ne trouve aucune trace dans les bureaux et dans les archives de la préfecture de Saône-et-Loire, ni de l'institution de cette commission, ni du travail de vérification auquel elle aurait dû procéder.

Pour simplifier la besogne de la commission centrale et la faciliter, on aurait pu établir, au chef-lieu de chaque arrondissement, une commission intermédiaire composée de tous les juges de paix de l'arrondissement, sous la présidence de leur chef hiérarchique, le président du tribunal civil.

Après avoir réuni en un seul cahier, comme je l'ai fait plus haut, les usages constatés ici et là dans les différents cantons et les avoir coordonnés entre eux, la commission d'arrondissement aurait transmis son travail à la commission supérieure en lui faisant connaître son avis sur l'opportunité d'adopter tel usage de préférence à tel autre au point de vue de l'intérêt général.

De cette façon, la commission centrale n'aurait eu à dépouiller qu'un seul dossier par arrondissement pour procéder à son travail d'ensemble, et ce travail une fois terminé et transmis à qui de droit, les législateurs chargés de la difficile et laborieuse mission d'élaborer notre Code rural auraient trouvé des matériaux préparés, dégrossis, classés, et n'auraient eu à compulser à leur tour qu'un seul dossier par département au lieu d'un par canton.

Or, pour se faire une idée de la tâche énorme qui incombe à MM. les Membres de la commission du Code rural, il suffit de relire les pages qui précèdent, dans lesquelles sont reproduits les procès-verbaux de neuf cantons seulement. On remarquera, en effet, que, dans le même canton, parfois dans la même commune, voire même dans la même ville, les usages ne sont pas en tout semblables, au nord et au sud, à l'est et à l'ouest. Pour ne citer qu'un exemple, ici, à Mâcon, dans la ligne tracée par les rues du Pont, Philibert-

Laguiche, de la Barre, de Rambuteau, il faut, pour se conformer aux usages constatés dans nos procès-verbaux, signifier congé quinze jours à l'avance pour les locations faites au mois du côté de ces rues qui appartient au côté sud, tandis que, du côté qui dépend du canton nord, la formalité du congé n'est pas exigée.

Le Code rural demandé depuis un siècle et auquel on travaille depuis longtemps déjà sera-t-il enfin terminé et promulgué prochainement? Le grain de sable que j'aurais voulu pouvoir apporter en temps opportun à ceux qui ont mission d'édifier ce grand monument arrivera-t-il jamais à sa destination? C'est ce que je ne saurais dire. J'espère, toutefois, que certaines pages de ma modeste étude pourraient, dans l'occasion, être utilement consultées par ceux qui ont plus spécialement besoin de recourir à nos usages locaux (hommes d'affaires, propriétaires et cultivateurs).

Enregistrés dans nos procès-verbaux depuis un quart de siècle, invoqués et appliqués depuis lors constamment, tant dans le cabinet de conciliation que dans le prétoire de la justice de paix, ces usages ont acquis ici (à Mâcon) une autorité incontestable; il en est de même sans nul doute partout où le personnel de la justice de paix n'a pas subi de trop fréquentes mutations.

Nota. — Les pages qui précèdent étaient presque toutes imprimées déjà lorsque le *Bulletin des Lois* de la République française a enregistré, sous le n° 642, les lois suivantes :

N° 10914. — Loi ayant pour objet le titre complémentaire du livre Ier du Code rural, portant modification des articles du Code civil relatifs à la mitoyenneté des clôtures, aux plantations et aux droits de passage en cas d'enclave, du 20 août 1881.

N° 10915. — Loi relative au Code rural (chemins et sentiers d'exploitation). Du 20 août 1881.

N° 10916. — Loi relative au Code rural (chemins ruraux). Du 20 août 1881.

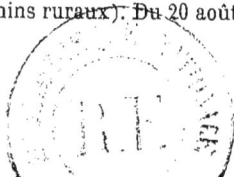

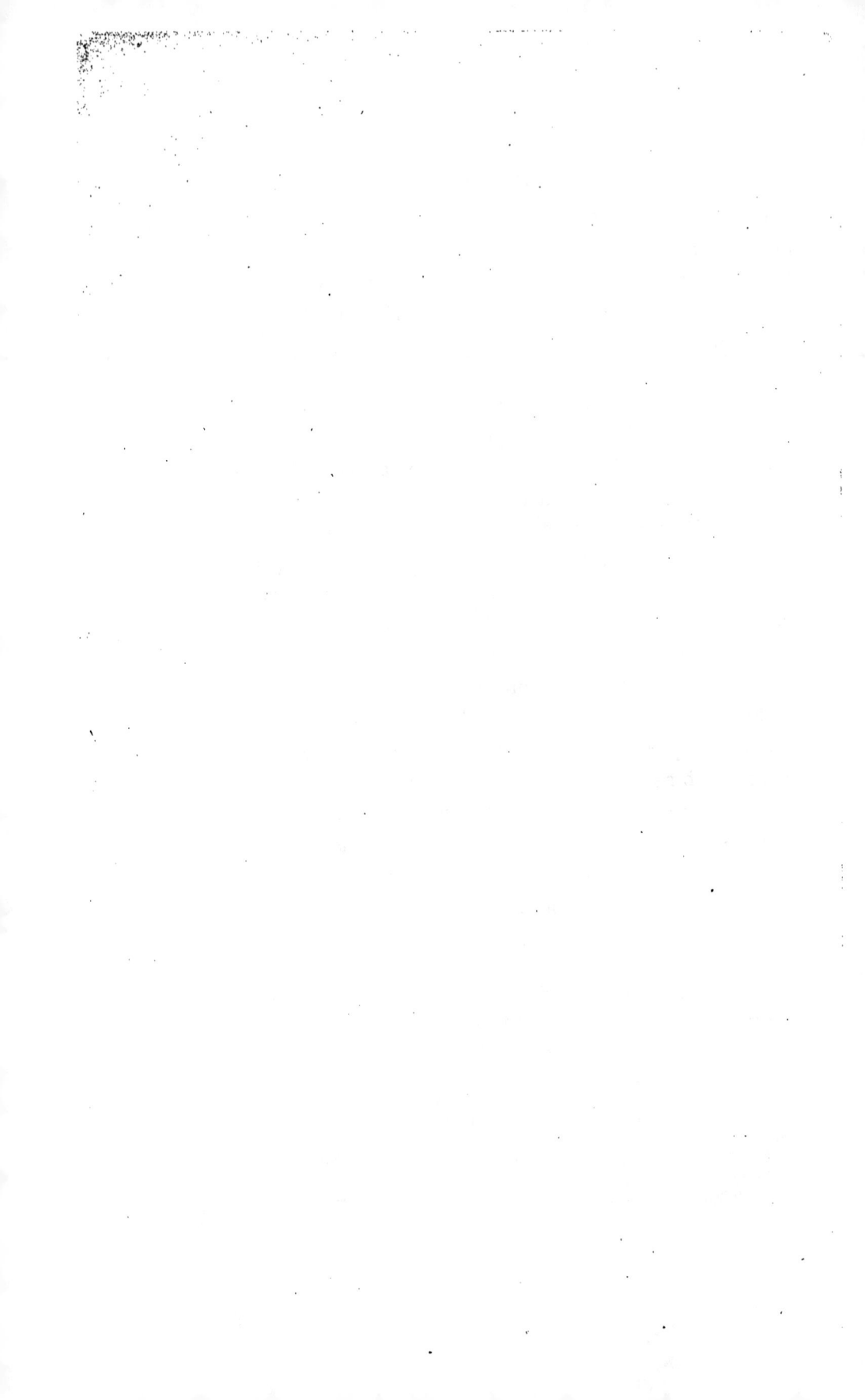

EXTRAIT DES ANNALES DE L'ACADÉMIE DE MACON

Notice sur Emile Deschamps. — 1874.

La culture du Colza en Brie. — 1874.

L'Eau et le Feu. — 1877.

DU MÊME AUTEUR :

Petites lectures sur la loi, à l'usage des écoles, 3ᵉ édition. Paris, Paul Dupont, éditeur, 41, rue Jean-Jacques Rousseau, 1869.

La loi dans ses rapports avec la famille, en collaboration avec M. Dabancour, docteur en droit, juge au tribunal civil de Mâcon. Paris, Henri Plon, imprimeur-éditeur, 10, rue Garancière, 1873.

Un mot sur la position des juges de paix. Mâcon, imprimerie Pigneret, 1871.

www.ingramcontent.com/pod-product-compliance
Lightning Source LLC
Chambersburg PA
CBHW072312210326
41519CB00057B/4892